Más **fuerte** que tus miedos

KRISTEN HELMSTETTER

Más fuerte que tus miedos

5 minutos al día para transformar tus obstáculos en oportunidades

DIANA

Edición en español publicada por acuerdo con Suasive Consultants Private Limited (www.montsecortazar.com).

Traducción: Mónica López Fernández
Formación: Alejandra Romero
Arte y diseño de portada: Planeta Arte & Diseño / Wendy González
Imagen de portada: © Getty Images
Fotografía de la solapa: © Cortesía de la autora

Bajo el sello editorial PLANETA M.R.
Avenida Presidente Masarik núm. 111,
Piso 2, Polanco V Sección, Miguel Hidalgo
C.P. 11560, Ciudad de México
www.planetadelibros.com.mx

Primera edición impresa en México: junio de 2025
ISBN: 978-607-39-2957-8

Impreso en los talleres de Litográfica Ingramex, S.A. de C.V.
Centeno núm. 162-1, colonia Granjas Esmeralda, Ciudad de México
Impreso y hecho en México – *Printed and made in Mexico*

No te puedes quedar en la oscuridad demasiado tiempo. Algo dentro de ti comienza a desvanecerse y te conviertes en una persona hambrienta, locamente ávida de luz.

AMY TAN, *El club de la buena estrella*

ÍNDICE

INTRODUCCIÓN

Querido lector:

Durante un tiempo viví sintiéndome fatal y con una energía mental baja; dudaba de mí, cualquier cosa me estresaba, quería que todo saliera a la perfección, me angustiaba y sentía que no era lo suficientemente valiosa; dejé que el miedo me dominara y que influyera en mis decisiones. Analizaba mis conversaciones y mis elecciones hasta terminar exhausta. Mi mente vivía en una prisión oscura y húmeda. Fue una época horrible, y ahora solo tengo más canas.

Pero entonces, algo sucedió.

Me harté de vivir de esa manera y finalmente admití ante mí misma que no es así como se supone que debemos vivir, porque no se sentía bien. Entonces, hice algo para cambiarlo. Bueno, en realidad intenté muchas cosas, pero una de ellas funcionó extremadamente bien: modifiqué la forma de hablarme.

Escribí un libro acerca de cómo lo hice, *Un café contigo*. Y si bien ahí abordé el tema de la ansiedad, me di cuenta de que necesitaba profundizar en él y compartir cómo usaba mis conversaciones conmigo misma, específicamente en situaciones de ansiedad y estrés.

Este tema es tan importante que quise escribir un libro entero dedicado a él, porque, cuando vives momentos estresantes y que generan ansiedad, tienes muchas opciones. Así que decidí escribir toda una obra que enlistara las diferentes maneras con las que lidio con la ansiedad. Ahora soy capaz de enfrentarla como toda una profesional y la clave está en mi diálogo interno.

Por ello, quiero preguntarte lo siguiente: ¿alguna vez has pensado en qué tan libre eres realmente?

Podemos caminar adonde queramos, subirnos a un auto y, básicamente, conducir por donde quiera que haya caminos. Libertad. Podemos cambiar de carrera. Libertad. Podemos abordar un avión y volar a casi cualquier parte del mundo. Libertad. Podemos abandonar relaciones. Libertad. Podemos emprender un negocio. Regresar a la escuela. Aprender un nuevo pasatiempo o seguir nuestra pasión. Incluso, podemos crear una vida nueva por completo, tan solo con decidirlo.

Tenemos *tantas* libertades... Sin embargo, aun con lo increíbles que son, muchas personas viven su día a día encerradas en formas de pensar y vivir, como si fueran prisioneras de sus propias ideas, presas del miedo, del estrés y de las ansiedades, esclavas de sus emociones. Su mente se atormenta a sí misma con pensamientos incesantes de fatalidad y negatividad.

Yo era así; no tenía libertad. Vivía en una jaula creada por mi propio miedo.

Hasta que eso terminó.

Cuando cambié la forma en la que me hablo, todo lo demás en mi vida también se transformó.

Quiero darte esa misma libertad, o al menos la herramienta para que la crees por tu cuenta, que sea certera y consistente por el resto de tu hermosa vida.

Esa herramienta se llama *diálogos internos para ser más fuerte que tus miedos*.

Con ella, te adueñarás de tu estrés y tu ansiedad, los cuales ya no te controlarán. En el proceso aprenderás a ser resiliente, a levantarte mucho más pronto cuando las cosas de la vida te pongan de rodillas. Tu reacción a lo que solía asustarte ahora será un «meh» o «pues sí...». O, mejor aún, te parecerá *divertido*. Te volverás un chingón, más fuerte que tus miedos, capaz de desviar los obstáculos de la vida tal como la Mujer Maravilla desviaba las balas con sus brazaletes de sumisión. *¡Toing!, ¡toing!* Y cuando te suceda algo grave y desafiante, también estarás preparado para afrontarlo.

En retrospectiva, me río de mi yo anterior. Estaba verdaderamente atorada en mi prisión mental, una que yo misma fabriqué. Y me río porque, al recordar cómo era, me doy cuenta de que la solución era muy sencilla: *palabras*.

Sí, palabras. Estas cambiaron mi vida. De hecho, estoy asombrada, porque además es un poder que todos tenemos. No tienes por qué vivir en un estado de estrés y miedo constante. Nadie tiene por qué. Así lleves la oscuridad de lo que viviste en tu niñez, el dolor del pasado o una baja autoestima, lo que nos pase por la cabeza, en verdad, solo depende de nosotros. Todos contamos con ese poder. Pero no todos sabemos cómo usarlo. Porque hay que ser decisivo, atrevernos a estar presentes en nuestra vida, confiar en el proceso, y mantenernos firmemente en él mientras nuestros cerebros cambian y se adaptan, para después cosechar los maravillosos beneficios de llevarlo a cabo, porque nos cambiará la vida.

¿Cuáles son los beneficios? Paz mental, más energía, sentimiento de calma en la cotidianidad, una poderosa resiliencia y la confianza de que cuando se presenten las situaciones de la vida, podremos navegar por esas circunstancias como verdaderos *rockstars*. Si tuviera que resumir los beneficios en una sola palabra, sería *ecuanimidad*: calma, compostura, equilibrio, una mente templada aun en situaciones difíciles.

He recibido innumerables comentarios y correos de lectores que me comparten sus historias. Son personas exactamente como yo solía ser: estresadas, ansiosas, asustadas, o que simplemente saben que pueden vivir mejor, una vida en la que no se dejan arrastrar por un miedo constante.

Yo quería dedicar un libro a los mejores pensamientos, consejos y trucos que usé para convertirme en una persona que ya no es esclava de la ansiedad y el estrés. Y mi deseo es que tú también llegues a este punto. Si encuentras al menos un consejo o una idea que sacuda tu mundo y te ayude a sentirte mejor, ¡haré piruetas de alegría! Tal vez encuentres una lección que resuena contigo, sobre todo para un problema específico, mientras que otro consejo quizá te ayude a salirte de la nube negra en la que se encuentra tu mente por alguna otra razón. Verás que esto no quiere decir que jamás experimentaremos estrés, sino que tendremos la resiliencia y la fuerza necesarias para cuando suceda. Nos levantaremos de un brinco, sin tanto alboroto.

Me llena de emoción que leas este libro y pongas en práctica las ideas que aquí expongo. Cambiar mi diálogo interno transformó mi vida definitivamente cuando con nada más lo había conseguido. Confío en que a ti también te ayudará. Y quisiera que me contaras tu historia; me puedes escribir a kristen@kristen helmsletter.com.

Mientras tanto, ¡choca los puños!

Con amor,

KRISTEN

PARTE I

CÓMO SER MÁS FUERTE QUE TUS MIEDOS

Capítulo 1

TU HISTORIA SEGÚN TU DIÁLOGO INTERNO

DÉJAME CONTARTE UNA HISTORIA...

Érase una vez una niñita que pensó que era indigna de amor porque su padre abandonó a su familia.

Érase una vez una niñita que nunca siguió sus deseos de ser gimnasta o bailarina porque le contaron la historia de que nunca haría dinero así, por lo que no valía la pena desperdiciar su tiempo en eso.

Érase una vez una niñita que creía que, si disfrutaba demasiado de la comida, engordaría y nadie la iba a querer.

Érase una vez una joven que pensó que tenía que aplicar juegos mentales para conseguir un buen hombre y mantenerlo con ella.

Vaya historias, ¿no? ¿Algo de esto te suena familiar? ¿O conoces a alguien con testimonios similares? Estas son narrativas nefastas que aprendí cuando era más joven. El problema es que influyeron en mis decisiones. Tomé unas bastante malas, de esas que solo toman las personas que no se ven a sí mismas como valiosas.

Si mi mamá estuviera leyendo este libro, diría «Kristen, ¡no tenía idea!». Eso es porque era muy buena para ocultar mis sentimientos y actuar como si tuviera el control de mi vida. No todo fue malo; a veces sí confiaba en mí, y sonreía muchísimo, era organizada y eficiente, pero bajo esa confianza había un montón de miedos enterrados, de arrepentimientos, incluso de un poco de odio a mí misma.

Pero hay otra razón por la que la mayoría no reconocía que vivía llena de tristeza y ansiedad bajo la superficie: nunca hablaba de eso. Nunca me quejaba. Supuse que la vida era así, entonces, ¿para qué hacer el esfuerzo?, ¿qué no todos se sienten igual?

Y sí, mucha gente se siente así. Piensan que estas historias de frustración, ansiedad, estrés y negatividad son normales. Si yo le dijera a mi mamá: «¡Caray!, la vida es dura, estoy estresada»; «Tal vez esto no funcione»; «Siento que estoy gorda», bueno, pues ella se sentiría igual sobre su propia vida, así que le haría sentido. Mi perspectiva de la vida le habría parecido normal.

Y, en cierta forma, esas historias sí *son* normales.

¡Espera! No, no, ignora eso. No lo son, son *comunes*, pero eso no significa que tenga que ser así. Estas historias no están grabadas en piedra. No nacemos para ser mediocres. No nacemos para creer que la vida tiene, o nosotros tenemos, que ser así. Porque no se trata de eso. Todos llegamos a este mundo con una mente muy poderosa que puedes controlar, *si lo deseas.* Porque la magia está dentro de ti, según la historia que *te* cuentes.

Tu mente es tan poderosa que puedes lograr que las cosas más maravillosas te sucedan, con tan solo creerlo.

Mi historia anterior ya fue. Y aunque técnicamente era «mía», porque estaba en mi cerebro, yo fui quien permitió que otros influyeran en ella, así que no era la verdadera historia *de mi alma.* Tenía ideas equivocadas de lo que definiría mi felicidad, porque permitía que otras personas la determinaran. Estaba dejando que el mundo influyera en mí. Y como no sabía que yo podía crear mi propia historia (cualquiera que quisiera, por cierto), anduve por la vida sin saber que podía ser mucho más feliz y estar mucho menos estresada.

Pero en algún punto del camino, descubrí el poder de mi propia mente.

Aprendí que con mi propio cerebro podía darle la vuelta a mi vida. Descubrí que las palabras e ideas que pienso *cada* momento, *cada* hora de *cada* día, dictan la dirección de mi vida. Entonces, yo dicto qué tanto quiero disfrutar. Indagué acerca de esta parte poderosa que todos tenemos dentro, en nuestro subconsciente, y descubrí que puede ayudarnos a vivir la mejor de las vidas.

Descubrí cómo hablar conmigo misma.

Y, ¿sabes qué hice? Empecé a usar esas conversaciones internas con el fin de escribir una historia nueva para mí.

Quería mejorar mi vida en todos los sentidos, los grandes y los pequeños, así que *me responsabilicé* y cambié la historia que tenía de mí misma en mi mente.

Por qué importa

Tú puedes hacer lo mismo. Si quieres que las circunstancias mejoren en tu vida, si quieres transformarte, entonces debes hacerte responsable y *cambiar tu historia*. Y esto lo logras *modificando tus conversaciones internas.*

NOTA APARTE: en mi libro *Un café contigo,* compartí que renovar mi diálogo interno con un claro y breve ritual diario durante mi café matutino fue crucial para darle un giro a mi vida. En ese ejercicio explico a detalle *qué* son estas conversaciones internas y *por qué* son necesarias, así como lo fácil que es tenerlas acompañadas con el café de cada mañana. Aunque ese libro comparte muchísimos consejos sobre cómo usar el diálogo interno para vivir nuestra mejor vida, me di cuenta de que era necesario dedicarle un tomo entero a la gente que se siente especialmente inmersa en ansiedad, estrés y miedos. Y por eso escribí el que tienes en tus manos. El tema amerita su propio volumen; así podrás sumergirte por completo en él y avanzar a pasos agigantados.

Curso intensivo de cómo hablarte

Tus palabras crean la manera en que te sientes en determinado momento. Las conversaciones que tienes contigo mismo son, simplemente, las palabras que piensas y dices acerca de ti y del mundo. Es la historia que te cuentas acerca de todo lo que te sucede. Tus palabras crean tu realidad en cualquier situación, porque definen *la manera en que la ves.*

¡Sí, las palabras!

Lo que te dices es solo un montón de palabras, y este es el concepto más poderoso que puedes aprender en la vida, porque, cuando cambias tu diálogo interno, también lo hacen tus pensamientos, creencias y acciones. Esto modifica tu vida.

Piensa en las historias de los libros que lees. Las *palabras* llenan sus páginas y te las cuentan. Lo mismo aplica para tu vida: *tu vida es tu historia. Tu vida son tus palabras.* Entonces, las palabras que usas al «contarte» tu historia van a determinar si tendrás un «feliz para siempre».

Tu diálogo interno es el relato que te haces para explicar todo lo que sucede a tu alrededor. Es la historia que te cuentas sobre la persona que no te contestó un mensaje de texto. O la que te platicas acerca de las canas que empiezan a brotar en tu cuero cabelludo. O sobre cuánto dinero tienes en el banco. O referente a por qué tu pareja está tan callada mientras está sentada frente a ti en la mesa de la cocina. Es la historia que te cuentas de por qué tienes o no suerte. O qué tan atractivo o desagradable crees que eres.

Tu historia significa cómo tú, *el personaje principal en el libro de tu vida,* te despiertas cada día. Tú eres el protagonista de tu aventura; a través de tus palabras tú eres quien decide qué dirección tomar en la vida. Eres tú, la heroína o el héroe de tu historia, quien tiene metas, tal como en cualquier gran relato, y quien decide cómo lograrlas y si vivir una vida mágica o un trágico infierno. *Tu diálogo interno es tu historia.*

¿Dirías que tu historia es un cuento de hadas? ¿Un sueño hecho realidad? ¿O un cuento de terror? Si no hay arcoíris ni unicornios, ¡entonces vamos a reescribirla! Te daremos el control de tu diálogo interno para que puedas manejar tu mente y escribir la increíble historia que quieres.

Comencemos

Ahora mismo, imagina un libro sobre tu buró. Es el volumen de tu vida. Tiene tu nombre grabado en la portada y su energía lo hace *parecer con vida*. Eso es porque *está* vivo: ¡eres *tú*!

Sus páginas son ricas en ideas, pensamientos y experiencias. Ya sabes, en historias... Están llenas de palabras y sentimientos; todos tuyos. A medida que das vuelta a las hojas, tu vida cambia y sigue su curso. Escenas. Capítulos. Principios y finales. Caminos tortuosos. Aventuras. Pero, a lo largo de todo, el nivel de felicidad, el número de finales felices, el grado de entusiasmo, de ánimo y gusto... todo ello, se desprende de las palabras.

Esas palabras son tus conversaciones contigo mismo.

¿Pero qué significa esto *en realidad*? Que la manera en que te hablas determina tu vida. Fin de la historia.

En serio, las palabras que te dices, que piensas de ti, de tu día a día, de tu situación y de tu vida determinan lo que manifiestas. Tus palabras dictan tu resiliencia, tu salud, tu carrera, tu nivel de habilidad, tus pasiones, tu romance, tu longevidad, tus capacidades, tu todo. ¡Incluso definen tu estado de ánimo (¿y qué no todos queremos estar de buenas?)!

Es la historia que te cuentas a ti mismo de todo (¡y de todos!).

¿Un compañero del trabajo te saca de quicio? ¿Un vecino es grosero? ¿No te llevas bien con un pariente? Bueno, esa es la historia que entra en tu libro, ¡y tiene un impacto en ti! Entonces, como podrás ver, la manera en que te hablas tiene que ver contigo, por supuesto, pero también con todo lo que opinas, juzgas y experimentas. Las palabras que eliges sobre lo que sea se vuelven una historia en tu libro.

Manifestar: Cuando los pensamientos se vuelven reales

¿Cómo es que tus palabras se manifiestan en los aspectos reales de tu vida? Bueno, las palabras conforman pensamientos, ¿cierto? Y los pensamientos se vuelven *acciones*. Las acciones varían desde comportamientos pequeños e inconscientes, como un suspiro o una mueca, hasta algo grande y que podría cambiarte la vida, como invitar a salir a alguien, aplicar a un trabajo nuevo o emprender un negocio.

Donde sea que estés ahora mismo, observa a tu alrededor. Todo lo que ves, ya sea tu silla, tu taza o el libro que tienes en las manos, comenzó con un pensamiento en la cabeza de alguien.

Mira tu celular; ese aparato en algún momento fue una idea de alguien. Mi hija empezó como un pensamiento en mi cabeza. Esa pintura en la pared se gestó como un pensamiento en la mente de alguien más. Dondequiera que voltees literalmente hay pensamientos que se manifestaron. Y todo comenzó *con palabras* en la cabeza de una persona.

Tus palabras también se manifestarán como *cosas reales* en tu vida.

He aquí la pregunta importante: ¿qué quieres manifestar exactamente? ¿Algo grandioso o de mierda? Porque, gracias a tus conversaciones internas, puedes elegir. La manera en que te hablas, tu diálogo interno, puede ser positiva o negativa. Si eliges una conversación positiva, verás que más cosas provechosas se manifiestan en tu vida. Y si prefieres una negativa, entonces verás más aspectos perniciosos a tu alrededor.

Audacia para ganar

Sé audaz con tu historia. Demasiadas personas viven vidas pequeñas porque no entienden que pueden escribir una gran aventura. Puedes ir hacia una gran felicidad, una abundancia impresionante o relaciones espectaculares. Sé audaz y ¡ve por el oro! Persigue todo lo que quieres.

Un apunte más: mientras más grande sea el deseo por algo, más grande será tu influencia para manifestarlo. Mientras más intenso sea tu deseo por algo, más influencia tendrás en el resultado. Así que ¡atrévete con tu historia y ten un gran deseo por hacerla realidad!

No importa lo que ocurra a tu alrededor. Los altibajos de la vida NO son excusa para tener un diálogo interno de mierda (este libro te va a ayudar con eso).

No importa lo que esté pasando en las noticias o lo que aparezca en tus redes sociales. No importa si te despidieron o si terminaron una relación contigo, porque, ¿sabes qué?, te puedes enfocar en lo que sea, en el momento que sea, pase lo que pase. ¡Ese es tu derecho! TÚ eres quien decide el significado de lo que sucede. Tú eliges tus palabras y pensamientos. ¡Tú haces tus propios planes!

Quiero repetir la idea clave: *TÚ ELIGES TUS PROPIAS PALABRAS.*

Nadie más las elige por ti si no lo permites. Tú eres quien decide. Tú eres quien elige no conseguir esto o aquello, o si esta escuela es buena o no. Tú decides si una enfermedad impactará de manera negativa en tu vida. Tú decides qué hacer con tu vida. Tú eres quien decide si eres valioso.

Y, recuerda, nunca podrás controlar cada una de las circunstancias en tu vida. Nunca podrás dominar a otra persona. Pero sí puedes vivir con el ejemplo y dirigir tus propios pensamientos y acciones. Déjame decirte que yo encontré la felicidad en montones de situaciones horribles, *porque fue lo que elegí.*

Fuimos hechos para disfrutar el viaje de la vida. Eso no quiere decir que no tendrás desafíos, claro que los tendrás. Así es como crecemos. Pero serás capaz de surfear esas olas con más facilidad y, cuando una te arrastre, serás capaz de levantarte. ¡Te recuperarás!

¡Un nuevo tú!

Cuando tomes el control de tu diálogo interno, podrás despertarte con la sensación de que tu vida es, de hecho, *divertida,* porque dependerás menos de las condiciones de tu mundo exterior. Tendrás una mejor vida cuando ya no estés sujeto a las decisiones de otros. Y esto es posible cambiando la forma en que te hablas. Pero pon atención cuando te digo que depende de lo que tú te digas, porque así es como logramos cambiar. Todos nosotros. Tu vida NO va a mejorar a menos que *tú* hagas que suceda.

La buena noticia es que todo lo que necesitas ya está en ti.

Aquí y ahora.

Y depende de ti.

Encontrarás tu propia fortaleza y resiliencia directamente en tu mente. Encontrarás un pozo de paz en tu propio cerebro. Es solo que la mayoría de nosotros no sabía que teníamos ese poder, pero así estamos destinados a vivir: siendo los dueños de nuestros destinos. Depende de ti, y siempre ha sido así. Toma el control de tu cerebro hoy mismo.

Hace poco vi en Instagram la foto de una taza de café que tenía la frase «Si tu propia historia no te inspira, es momento de reescribir esa mi**da».

¡Sí que sí!

Capítulo 2

¿QUÉ ES UN DIÁLOGO INTERNO PARA SER MÁS FUERTE QUE TUS MIEDOS?

La serenidad no viene de eliminar las causas externas y ocasiones de miedo, sino de descubrir las reservas internas que tienes a tu disposición.

RUFUS M. JONES

El diálogo interno para ser más fuerte que tus miedos es una forma específica de hablarte para ayudarte con tus ansiedades, estrés y desafíos. Aumenta tu resiliencia, intensifica tu confianza y eleva tu autoestima. Es una versión de la clásica conversación interna, pero adaptada para empoderarte en tiempos estresantes o momentos ansiosos. En la segunda parte de este libro, te ofreceré montones de guiones con las palabras exactas que debes decirte cuando estés aplicando tus diálogos internos para ser más fuerte que tus miedos.

Durante mucho tiempo, padecí estrés y ansiedad, y fue horrible. Pasé muchos años sintiendo que se me retorcían las entrañas, que se enrollaban como una serpiente lista para atacar. Me la pasaba apretando los puños todo el día. Rara vez me sentía relajada, más bien, estaba demasiado tensa, siempre mirando por encima de mi hombro.

Pero eso cambió cuando aprendí a controlar mi mente gracias a mis conversaciones conmigo misma. Si bien el diálogo interno no es capaz de eliminar cada sensación negativa ni cada momento estresante, sí te ayudará a sentirte mucho mejor la mayor parte del tiempo, porque sucede algo asombroso cuando logras gestionar tus pensamientos.

Para empezar, es notable cómo desde el inicio sientes menos estrés y ansiedad. ¿Sabes por qué?, porque las tonterías de siempre ya no te molestan como antes. Digamos que hay cincuenta aspectos de tu vida que te frustran, estresan y provocan ansiedad (no hay nada especial en esa cantidad, solo elegí un número al azar que sirviera como ejemplo). Bueno, cuando controlas tu propia mente, es como si se redujeran a diez. ¿No es *increíble*? Eso sucede porque lo que usualmente te molestaba, simplemente ya no te afecta.

Pero espera, ¡aún hay más!

Otra cuestión que los diálogos internos para ser más fuerte que tus miedos cambian en tu vida es que esas diez cosas que aún te afectan ya no te dominan, sino que te adueñas de ellas. En otras palabras, sí, aún hay estrés en tu vida y también momentos de ansiedad, pero ya no te gobiernan. ¡Tú los diriges a ellos! Y eso es poder.

Esto es lo que pasa: un día, vas por la vida y algo «negativo» sucede, pero no te tumba, ni te arruina el día o la semana. *Y te das cuenta de esto.* Tus ojos se abren como platos, como si dijeras: «¡Ay, Dios, si eso me hubiera pasado hace seis meses, me habría invadido el pánico!».

Pensarás que es magia, pero no. Es solo que estás usando la neurociencia para reiniciar tu cerebro, controlar tu mente; lo que automáticamente le da un giro a tu vida. Una vez que esto ocurre, tienes nuevas experiencias y sensaciones. *¡Pum!* ¡Es la bienvenida a tu nuevo yo! Cuando te despiertes en la mañana, no vas a querer esconderte debajo de las cobijas, porque estarás listo para vivir tu vida con un gran rugido.

Sin embargo, hay un secreto en ello: debes entrenar.

Debes estar dispuesto y presente, y acostumbrar a tu mente a usar palabras nuevas, nuevos pensamientos, nuevos sentimientos, y nuevas maneras de reaccionar. Es más o menos como aprender un idioma.

¿Alguna vez has estudiado otra lengua? Al principio es incómodo y, digamos, ajeno, porque no conoces las palabras. Te tropiezas incluso en las conversaciones más simples, tratando de encontrar el término adecuado y te sientes desorientado. Bueno, si estás acostumbrado a los diálogos negativos contigo mismo (casi todo el mundo se habla así), entonces sentirás que te tropiezas al cambiar hacia un diálogo interno más positivo.

Al principio, hablarte de manera favorable puede ser extraño, porque uno no está habituado. De hecho, tal vez sientas que son palabras falsas. Y las personas que suelen tener más estrés y ansiedad son las que más cambios deberán llevar a cabo. Pero no temas, te adaptarás rápido y en muy poco tiempo se sentirá tan normal que el lenguaje nocivo de tu diálogo interno se oirá terrible para tus nuevos e iluminados oídos.

Empieza identificando todo el diálogo dañino que haces. Tómate un momento para pensarlo. Pueden ser frases como:

- Soy pésimo para esto.
- El síndrome premenstrual siempre me da dolor de cabeza.
- Esto es demasiado difícil.
- Eso nunca va a funcionar.
- Estoy tan gordo.
- Tengo miedo de...
- Me asusta...
- Temo...
- Bueno, eso pasa cuando envejeces.
- Nada me sale bien.
- Y así sucesivamente.

También te darás cuenta de cuándo necesitas criticar ciertas situaciones o personas, incluyéndote. Por ejemplo, cuando te enojas contigo por cometer un error, o porque constantemente estás hablando de lo que te disgusta, desde el clima hasta el jardín del vecino.

Pero igual que con cualquier otro idioma extranjero, mientras más uses frases positivas y las practiques, con más naturalidad te surgirán, al punto de que ya ni siquiera tendrás que pensar en cómo hacerlo. Cuando empiezas a entender otra lengua y la hablas con soltura, ya no necesitas traducir las palabras en tu cabeza, simplemente las piensas en ese idioma.

Por ejemplo, si quieres decir *pan* en italiano, un principiante pensaría la palabra en su lengua materna y, luego, en su mente la convertirá en *pane*. Pero conforme practiques y te desenvuelvas, ya no tendrás que pasar por esa traducción, simplemente el término llegará a tu mente de inmediato. Ahí estará, listo para usarse, completamente a tu alcance.

¡Lo mismo sucede con el diálogo interno positivo! Al principio tal vez digas algo negativo, pero entonces lo descubrirás por tu cuenta y lo remplazarás con algo favorable. Después de practicar constantemente el atraparte cuando te hablas nocivamente, de manera natural, cambiarás tus palabras, lo cual hará que tu cerebro comience a pensar positivamente. Y así es como cambiarás tu vida.

Capítulo 3

CÓMO CREAR UN DIÁLOGO INTERNO PARA SER MÁS FUERTE QUE TUS MIEDOS

Hay dos formas de orientarte hacia un diálogo interno para ser más fuerte que tus miedos. Puedes optar por un enfoque ofensivo y preventivo, o bien, por uno defensivo y reactivo (idealmente, utilizarás ambos).

Enfoque ofensivo

El enfoque ofensivo es el mejor de ambos. Consiste en usar tu diálogo interno para ser más fuerte que tus miedos y fortalecerte *antes* de que lleguen los problemas.

Al considerar este enfoque como el mejor, me refiero a que cuando tienes este tipo de ideas y patrones de lenguaje arraigados en tu cerebro, te mantienes listo, preparado para cuando llegue el trancazo. Se parece a tomar tus vitaminas todos los días para prevenir enfermedades, en vez de esperar a padecer alguna y entonces tener que engullir un montón de pastillas.

Este enfoque requiere que, concienzudamente, leas este libro de principio a fin, digieras el material, lo proceses, lo estudies ¡y lo disfrutes! No es necesario que lo leas de forma lineal, así que siéntete libre de ir de aquí para allá. Si así lo haces, solo asegúrate de tomar nota de los capítulos que ya leíste para que no omitas alguno sin querer.

Al final de cada capítulo hay un *guion de diálogos internos para ser más fuerte que tus miedos*; tienes que leerlo, de preferencia, en voz alta (esto ayudará a que tu cerebro se entrene más rápido). Estos guiones son las palabras que estarás usando para reconfigurar tu cerebro con tus conversaciones internas. Te recomiendo muchísimo revisar dos veces seguidas cada guion; incluso tres, si quieres puntos extra. Si hay un tema que consideres especialmente importante, márcalo con una nota adhesiva o un separador de libros y regresa a él con regularidad.

Enfoque defensivo

El enfoque defensivo se presenta cuando algo sucede o ya estás estresado por algo y necesitas tomar las riendas de tu mente de inmediato. Aunque no es lo ideal esperar hasta que estés en medio de una tormenta miserable, este libro está diseñado para ayudarte en situaciones de estrés, ansiedad o crisis; así que justo en ese momento, tómalo y lee alguno de los diálogos internos que cambiarán tu vida.

Pero para que esto funcione necesitas familiarizarte con los capítulos y su contenido. Por esta razón, te recomiendo que leas el libro entero con anticipación para que asimiles los conceptos (si estás en medio de una tormenta de mierda ahora mismo, no te preocupes, ¡solo sigue leyendo! Saldrás de esta).

Y, si puedes, al menos lee todo o la mayor parte del libro con anticipación, aun si no has cambiado los diálogos negativos por positivos en tu día a día. En otras palabras, adopta el enfoque ofensivo y empieza a entrenar ahora mismo. Así, si algo surge y quieres un poco de inspiración o un diálogo interno ya hecho que te ayude a salir adelante, entonces tan solo pasa las hojas hasta el capítulo cuyo tema te venga mejor en ese momento.

Cómo leer un guion de diálogos internos para ser más fuerte que tus miedos

Tan solo lee dos o tres veces seguidas el guion que elegiste. Para obtener el máximo resultado, hazlo en voz alta. Si no puedes, trata de susurrarlo o, al menos, gesticula las palabras en silencio. Activar los músculos de tu boca y lengua (contrariamente a solo usar los ojos) aumentará el impacto de las palabras en ese momento. También te ayudará a mantenerte enfocado en ellas y evitará que tu mente divague. A largo plazo, pronunciar la palabra en voz alta entrena más rápido a tu cerebro hacia un cambio permanente.

Pero lo más importante que hay que recordar para lograr ser, lo más pronto posible, más fuerte que tus miedos es que debes repetir, repetir y repetir. Eso significará que te comprometes a estar presente para ti todos los días, a leer tus guiones y a entrenar tu cerebro.

Es como ir al gimnasio; no tiene caso ir solo una vez y decir «Bueno, ahora mi condición física es genial». No, tienes que integrarlo a tu forma de vida. Entrenar a tu cerebro requiere constancia si quieres ver resultados.

La buena noticia es que, a diferencia de ejercitar un músculo, una vez que reconfiguras tu cerebro, este tiende a permanecer así, porque comienzas a hablar de manera natural a partir de su nueva forma, por lo que lo refuerzas día con día. Si en algún momento tienes un desliz, solo recurre a tus guiones y refresca un poco el proceso.

Pero, por ahora, el nombre del juego es *repetición*. Para cambios más contundentes, lee los guiones con *consistencia* y *frecuencia*.

PARTE II

GUIONES DE DIÁLOGOS INTERNOS PARA SER MÁS FUERTE QUE TUS MIEDOS

Capítulo 4

DIÁLOGOS INTERNOS DE MIERDA

Los límites de mi lenguaje son los límites de mi mundo.

LUDWIG WITTGENSTEIN

Comencemos por abordar cualquier diálogo interno de mierda que uses. Podría llamarlo *diálogo interno negativo*, pero eso no es divertido (siéntete libre de llamarlo *diálogo interno del carajo* si quieres, porque eso es exactamente lo que una conversación negativa implica).

Los diálogos internos de mierda son cualquier conversación contigo que te desanime. Si la manera en que te hablas te hace sentir cansado, sin energía, decaído, mala persona, enojado, triste o celoso, es de mierda, porque te criticas o estableces juicios negativos de los demás.

Según el investigador Patrick Leung: «Las conversaciones negativas internas se han asociado ampliamente con trastornos como depresión, ansiedad, baja autoestima, agresión y estrés postraumático».

No sé tú, pero dudo que alguien se sienta superbién después de un diálogo miserable consigo.

Entonces, ¿por qué lo hacemos? Pues se debe a diversas razones. Porque tenemos un condicionamiento de nuestro pasado, porque carecemos de un buen filtro para determinar en qué nos conviene enfocarnos y porque dejamos que las noticias o las personas negativas tengan prioridad en nuestra vida. Y, francamente, porque muchas veces no sabemos que no tenemos por qué hablarnos así. Es completamente innecesario y, además, nunca ayuda. Un diálogo interno de mierda jamás te llevará por el camino hacia una vida mágica y feliz, en la que harías realidad tus sueños.

¡Y lo sabemos! Eso es lo más inquietante... Lo sabemos, pero nos hablamos así de todos modos. Piénsalo: ¿criticas a tus hijos?, ¿regañas a tu mejor amigo?, ¿les sueltas palabras negativas y de mierda a tus padres? ¿¡Ah, no!? Entonces, ¿por qué a ti sí? La mayoría de las personas ha vivido así durante mucho tiempo, por lo que se siente «normal». La gente vive según un punto de vista basado en el miedo, según una mentalidad de carencia. Numerosas personas tienen, sobre todo, pensamientos negativos rondando en su mente todo el día y ni siquiera se dan cuenta. Desconocen que hay una mejor manera de pensar.

Bueno, ¡pues basta! Y lo digo en serio: no más.

Diles adiós a los diálogos internos de mierda que te hacen decir «No puedo con esto», «La vida es difícil», «Estoy tan estresado», «Estoy demasiado viejo para...», «Eso no me va a funcionar», «No puedo hacerlo» y «La vida apesta».

Al diablo con todo ello.

Eso incluye quejas, lamentos y comentarios sobre lo que ves en tu vida y sobre otras personas. Lo que debes entender es que los pensamientos de mierda llevan a sentimientos de mierda y a acciones de mierda. Las palabras que piensas generan emociones en ti y tu cuerpo reacciona de la misma manera, con neuroquímicos como adrenalina y cortisol (piensa en estados de estrés, preocupación y ansiedad). Y luego esos malos sentimientos, a su vez, inspiran más pensamientos negativos. Y te quedas en un ciclo interminable: malos pensamientos llevan a sentimientos nocivos, estos a malas acciones, y luego regresas a los pensamientos dañinos... Es adictivo.

Debes romper este ciclo.

¿Cómo? Empieza con palabras.

La siguiente historia describe la situación perfectamente.

HISTORIA DE DOS LOBOS

Una noche, alrededor de una fogata, un anciano cheroqui le contó a su nieto la historia de una batalla que sufren las personas en su interior:

—Nieto mío, todos en nuestro interior libramos una batalla entre dos lobos. Uno es el mal; es el enojo, la envidia, los celos, la congoja, el arrepentimiento, la avaricia, la arrogancia, la autocompasión, la culpa, el rencor, la inferioridad, las mentiras, el falso orgullo, la superioridad y el ego.

»El otro lobo es el bien; es la alegría, la paz, la esperanza, la serenidad, la humildad, la bondad, la buena voluntad, la empatía, la generosidad, el perdón, la verdad, la compasión y la fe.

El nieto reflexionó un minuto, luego le preguntó a su abuelo:

—¿Cuál de los dos lobos gana?

El anciano cheroqui simplemente respondió:

—El que alimentas.

Toma tiempo, pero puedes entrenar a tu cerebro para que piense mejor, de tal modo que también mejore cómo te sientes. Puedes controlar tu mente con nuevas palabras que sean gentiles. Estas te generarán sentimientos nuevos, gracias a los cuales realizarás acciones nuevas y luego vendrán otras palabras gentiles. Es así de fácil. Repito: así de fácil.

Ahora bien, eso no siempre quiere decir que para todos será sencillo. Pero te prometo que si remplazas las palabras negativas con positivas, especialmente en el momento justo en que estás experimentando algo perjudicial (e incluso si se siente extraño y a veces inauténtico), empezarás a entrenar a tu cerebro de la manera correcta. Porque a este no le queda de otra; se reconfigura cuando le empiezas a hablar de una forma diferente.

¡Empieza desde ya! Haz un inventario de tus pensamientos recientes. ¿Qué piensas o dices cuando te ves al espejo cada mañana? ¿Qué dices cuando te estás vistiendo? ¿Cómo reaccionas si te atoras en el tránsito o el paquete que ordenaste se retrasó? ¿Cómo te sientes con tu vida?, ¿y con tu futuro?

Tu tarea es identificar y luego eliminar todos tus diálogos internos de mierda. Los vas a intercambiar por otros más brillantes, empezando con tu primer guion de diálogo para ser más fuerte que tus miedos, que incluyo más adelante. Y esto no quiere decir que nunca tendrás problemas o que ignorarás cuestiones que requieren de tu atención. Tampoco significa que no puedes opinar sobre algo que te desagrada.

El problema es que demasiadas personas se enfocan exclusivamente en lo que no les gusta ¡todo el día! Esto solo acarrea más de lo mismo, porque suelen atraer y, por lo tanto, ver más de aquello en lo que se enfocan.

En su lugar, enfócate en lo que quieres y lo que te encanta durante el día (¡o la existencia!), y verás cómo más de aquello que te encanta aparece en tu vida.

Diálogos internos para ser más fuerte que tus miedos

Elijo palabras positivas, porque así es como cambio mi vida.

Me inunda el amor y merezco amor. Merezco elegir palabras grandiosas y victoriosas.

Protagonizo mi vida y puedo decidir, cada minuto de cada día, cómo pienso sobre lo que sea.

Me miro al espejo y veo amor, bondad y compasión.

Soy increíble. Mi vida es increíble.

Miro alrededor y veo oportunidades deslumbrantes, porque abro los ojos hacia lo bueno.

¡Estoy en una maravillosa aventura nueva con las palabras!

Estoy aprendiendo y creciendo.

Me estoy transformando; me estoy convirtiendo en una persona nueva.

Soy feliz porque me estoy haciendo cargo de mi vida.

Todos estamos conectados. Todos somos uno. Cuando pienso y hablo positivamente de los demás, esta energía vuelve a mí y se manifiesta con cosas increíbles en mi vida.

Elijo palabras inteligentes y reacciono a las situaciones con bondad y compasión.

Hoy reclamo el inicio de mi nueva vida resiliente.

Hoy encuentro más formas de decir palabras positivas.

El amor siempre es la respuesta.

Capítulo 5

BESOS Y ABRAZOS, ESTRÉS

Si estás leyendo este libro, lo más probable es que un cierto nivel de ansiedad o estrés te esté incomodando. Diablos, si eres como yo solía ser, a mí la ansiedad y el estrés me hacían sentir fatal, monótona, terrible, asustada, cansada y nerviosa.

Por si no bastara con sentirte fatal, el estrés no es muy saludable, pues genera enfermedades y malestares, los cuales, por supuesto, te estresan todavía más. Así que ahora estresarte te estresa.

Bueno, déjame compartir contigo algo profundo que tal vez no sepas: el estrés no necesariamente es malo.

¡¿Que qué?! Pues sí, ¿sabías que incluso puede ser bueno para ti?

Según el informe de Eric Barker (me encanta su boletín) acerca de los beneficios del estrés y del trabajo que realizó la doctora Kelly McGonigal:

> Los investigadores entrevistaron a 30 000 adultos acerca de cuánto estrés habían sentido durante el año anterior y si acaso pensaban que ese estrés fue negativo. Ocho años más tarde, los científicos revisaron de nuevo su estudio…

Las personas con estrés alto estaban un 43% más cerca de morir... **pero solo si creían que el estrés era malo para la salud.** Tomemos un momento para asimilar esto. ¿Qué pasó con las personas de la muestra que no creían que el estrés fuera negativo?

Según Kelly McGonigal: «Las personas que reportaron sentir niveles altos de estrés, pero no lo percibían como algo dañino, tenían menos probabilidades de morir. De hecho, tenían menor riesgo de morir que cualquier otra persona de la muestra, incluso menor que aquellos que reportaban sentir niveles bajos de estrés. Los investigadores concluyeron que el estrés por sí solo no era lo que estaba matando a la gente, sino la combinación de este con la creencia de que es perjudicial».

¡Vaya! ¡Esto sí que te vuela los sesos!

Por qué importa

Porque, si logras creer que *el estrés, de hecho, potencializa tu vida,* entonces alcanzarás un estado de menos depresión, más felicidad y más satisfacción con la vida. Suena bien, ¿no?

Pero espera, aún hay más...

Resulta que el estrés nos beneficia de otra manera, lo cual hace que me sienta agradecida con él. ¿Qué nos regala?

¡Resiliencia!

Muy en el fondo, todos sabemos que esto es cierto, solo que quizá no lo hemos pensado con detenimiento, así que vayamos por partes. Hay un término para el «estrés positivo» llamado *estrés hormético,* y se trata del nivel óptimo de estrés para mejorar tu salud.

Verás, sí *necesitamos* un poco de ello en la vida. De hecho, no estar lo suficientemente expuestos a ello nos debilita. Por ejemplo, cuando los astronautas pasan tiempo en menor gravedad, regresan a la Tierra con huesos y músculos debilitados. Para los que no somos astronautas, el constante y bajo estrés de la gravedad evita que esto nos pase. Si estresas un poco más tu cuerpo, como al levantar pesas, tus huesos y músculos incluso se fortalecen.

Este mismo principio abarca más que huesos y músculos. Exponerte al frío puede beneficiar tu salud. Lo mismo sucede con el ayuno. Tu sistema inmune también se fortalece después del estrés de haber tenido gripa.

Tiene sentido, ¿verdad? Todo esto nos ayuda a entender cómo cierto nivel de estrés *mental* nos puede fortalecer mentalmente.

Sucede lo siguiente: cuando te expones a un factor estresante, siempre y cuando se lidie con él apropiadamente (mediante reacciones al estrés como el diálogo interior, el autocuidado, el amor a uno mismo —de lo que hablaremos más adelante—), desarrollas tu *capacidad de estrés* y te vuelves más resiliente.

Y entonces ¡pum!, esto te convierte en una superestrella.

Por mucho que te cueste digerir la idea de que el estrés no es completamente malo, la ciencia demuestra que nos hace más inteligentes, más exitosos, más felices, y nos ayuda a vivir una vida más mágica. Tan solo al reconocer esta interesante idea de que el estrés puede ser algo bueno, ¿no te sientes un poco más relajado al respecto? ¡Deberías!

Pero, repito, todo depende de cómo *respondas* ante el estrés.

La importantísima «respuesta al estrés»

La manera como reacciones ante el estrés es importante para determinar si este es bueno o malo para ti.

Cualquiera que tenga experiencia con el ejercicio físico sabe que cuando se empieza, duele. La primera vez que corras o hagas caminata por una distancia significativa, te dolerán las rodillas, las pantorrillas y los pies. La primera vez que levantes pesas, los músculos te dolerán. Y la respuesta más comprensible será pensar: «¡Me duele! Me estoy lastimando. Nunca más lo volveré a hacer».

Pero si continúas haciendo ejercicio a pesar del dolor inicial, tendrás dos lecciones aprendidas. La primera es que el mismo nivel de estrés es menos doloroso en el futuro, conforme te haces más fuerte. La segunda, que tu dolor posejercicio no es como cualquier otro. No es una *lesión,* sino la sensación de *crecer*. Así es como se siente cuando tu cuerpo se *adapta.*

Pronto, el encontrar esa misma sensación se vuelve una de las formas más importantes de retroalimentación. Quiero decir que si no sientes dolor muscular después de entrenar, entonces no te estás esforzando lo suficiente; no estás progresando y necesitas esforzarte más la próxima vez.

Por lo tanto, buscar este tipo de «dolor» no es masoquismo. El *significado* de dolor ha cambiado. Ya no es un castigo; es retroalimentación. En cierto sentido, ni siquiera significa «dolor», sino simplemente *información.* Y esta funciona como un indicador de qué tanto más o qué tanto menos estrés necesitas para seguir creciendo de forma segura y sustentable.

Lo mismo sucede con el estrés mental y emocional. Si pones atención a las situaciones que te estresan, así como a su impacto en ti, puedes usarlas como herramientas indicadoras para tu retroalimentación. Estas sensaciones son datos sobre los cuales actuar, por ejemplo, aumentando o disminuyendo tus esfuerzos, porque no quieres que las cosas sean demasiado difíciles, pero tampoco *tan sencillas.*

Esto significa que cuando estés expuesto al estrés, *si tu respuesta es adecuada,* entonces desarrollarás un yo emocional y una vida más fuertes. Serás imparable. Tan solo tener una nueva mentalidad de que el estrés te ayuda a ser resiliente puede cambiar lo que este *significa* para ti.

Bueno, ¿y cuál es una buena respuesta al estrés? Además de tu interpretación sobre él (lo que este significa para ti), también quiere decir que te permites recuperarte de manera adecuada después de experimentarlo.

Permítete una recuperación

Una recuperación adecuada es parte crucial de la fórmula. Si después de experimentar estrés tienes un periodo de recuperación apropiado, ayudas a desarrollar tu resiliencia. Sin la recuperación adecuada, puedes debilitarte. Por ejemplo, si no descansas después de hacer ejercicio arduo para fortalecer los músculos, saboteas tu crecimiento. Lo mismo aplica para el estrés mental.

Una tarea importante: después de una experiencia estresante, debes asignar un tiempo a una recuperación adecuada. Esto aplica tanto cuando el estrés fue planeado (como una cena navideña con tus suegros) como cuando no (como un accidente en auto).

¿Cómo luce una recuperación adecuada? Es diferente para todos, pero para mí se ve así:

- Holgazanear frente a la tele viendo mis programas favoritos.
- Disfrutar una gran comida como recompensa.
- Irme a dormir temprano o tomarme una siesta.
- Disfrutar de un masaje.
- Tomarme unas horas o unos días libres.
- Comprarme flores o una pluma nueva.
- Pasar un tiempo en la naturaleza.
- Escribir en mi diario mientras me tomo un *latte* grande.

El lapso de recuperación depende del nivel de estrés, pero lo importante es planearlo y hacerlo como un acto de autocuidado, *porque así es como tu capacidad para soportar el estrés incrementa.* ¡Esta es una misión crucial para la salud mental! Cuando destinas tiempo a recuperarte, te vuelves el verdadero chingón que estás destinado a ser.

Una perspectiva positiva del estrés nos hace más saludables y felices. Sí, ya sé, es una locura, porque va en contra de todo lo que nos han dicho. Bailamos al son de que para nosotros el estrés es terrible, pero la verdad es que depende de cómo lo percibas. Si crees que es malo, entonces lo será. Pero si lo tomas como algo positivo y lidias con él adecuadamente (como describí antes), entonces *te beneficia.*

¡Gracias, estrés! ¡Besos y abrazos!

Una toma de cerca

Tus dos nuevas metas:

- Desarrolla tu capacidad para tolerar el estrés aceptando un poco de él en tu vida y planeando una recuperación adecuada para poder cosechar los beneficios de crecer. Cuando lo haces, entras a las mejores ligas de la vida. Y, puesto que ahora sabes que puede ser algo bueno para ti al hacerte más fuerte que tus miedos, puedes enviarle besos y abrazos al estrés. Bueno, al menos algunas veces. ;)
- No te estreses por tener estrés.

Lo que no me mata, me hace más fuerte.

FRIEDRICH NIETZSCHE

Diálogos internos para ser más fuerte que tus miedos

El estrés me fortalece y salgo victorioso de situaciones estresantes.

Uso mi inteligencia cuando el estrés se me presenta y establezco un tiempo de recuperación luego de un evento estresante.

Les doy la bienvenida a los desafíos con gusto. Saco mi capa de superhéroe y tomo acción.

Soy sensacional. Soy competente. Soy resiliente. ¡Soy fuerte!

¡Puedo lograrlo! ¡Lo estoy logrando! ¡Soy resiliencia!

Le doy al estrés un abrazo de oso porque me hace más sano y fuerte.

Estoy creando una vida empoderada, aquí y ahora.

Tengo las cualidades para tener éxito y fortaleza.

Me cuido adecuadamente después de un evento estresante y esto me hace el más chingón. Lo merezco.

Me emociona hacer cosas nuevas. ¡Me emocionan los desafíos!

Cuando el estrés toca a la puerta, todo está superbién, porque tengo un plan.

Cuando siento ansiedad, me tomo un tiempo para mí, porque me lo merezco.

Soy más fuerte que mis miedos y puedo lidiar con todo tranquilamente.

Mientras más aprendo, mayor preparación tengo para cualquier situación a la que me enfrente.

Estoy a cargo de mi mente. Tengo el control de mis pensamientos. Ahora mismo y dentro de mí tengo todo el poder.

Capítulo 6

CÓMO LA VULNERABILIDAD TE HACE MÁS FUERTE QUE TUS MIEDOS

¿Ser vulnerable y, al mismo tiempo, más fuerte que tus miedos?

Pareciera como si quisiéramos mezclar agua con aceite. Digo, ¿cómo puedes ser más fuerte que tus miedos si eres vulnerable? ¿Qué no son opuestos?

Pero estoy aquí para decirte que el abrirte a la vulnerabilidad es lo que realmente te fortalece para enfrentar tus miedos.

Déjame explicarte. Por lo general, cuando pensamos en vulnerabilidad, creemos que nuestros defectos quedarán expuestos a los juicios de otras personas, y que esos juicios nos dañarán. Pero eso también significa algo más: autenticidad. Y hay poder dentro de la autenticidad, porque implica mostrar todo, *exponerte* como el auténtico tú que te hace ser quien eres. Salir al mundo de esta manera te fortalece todavía más ante tus miedos, porque tienes una mentalidad de «*¡Aquí estoy, tómalo o déjalo!*».

Si alguien lo deja, o sea, te rechaza, no importa, porque tu auténtico ser sale; al final del día, se revela por sí solo. No puedes ocultar tu verdadero ser para siempre, así que ¡más vale mostrar tus verdaderos colores! Brilla, sí, ¡brilla! Vuélvete más poderoso al hacerte cargo de las cosas de frente.

Esto me recuerda cuando mi esposo me preguntó al final de nuestra segunda cita: «¿Te gustaría que fuéramos exclusivos? Me interesas y no quiero compartirte con nadie más».

La mayoría de las personas tienen unas cuantas citas antes de ser tan osados, pero él sabía lo que quería, así que se animó. ¡Y eso me encantó!

Ahora bien... mi respuesta no fue exactamente romántica, pero tiene que ver con el tema. Hablábamos en mi cocina, yo estaba sentada en la barra, pataleando, y le dije: «¡Claro!, ¿por qué no? Más vale pronto que tarde para descubrir si funcionará».

Y bueno, henos aquí, 18 años más tarde, casados y locamente enamorados. Al comprometernos en poco tiempo, nos saltamos un montón de tonterías y nos llegamos a conocer bastante bien, muy rápido. Si no estábamos destinados, nos habríamos dado cuenta enseguida. Ser vulnerables fue algo valioso que nos ahorró tiempo.

Pero hay más en ser vulnerable que solo ahorrar tiempo. La vulnerabilidad crea resiliencia, pues cultiva la *autoconfianza*; porque cuando te muestras al mundo, envías un mensaje claro y contundente a tu subconsciente: *soy lo suficientemente valiente para hacer esto*. La persona que tiene cimientos de valía personal y amor propio es la que se permite ser vulnerable.

Es al no permitirnos serlo cuando creamos una falsa apariencia. Esto no nos hace confiables y nuestro subconsciente lo sabe. Ponernos una máscara nos debilita; no es algo que nos fortalezca.

Para algunas personas, esta vulnerabilidad podría significar simplemente salir a la calle sin maquillaje. O podría ser algo profundo, como abrirse y ser sincero acerca de un error del pasado. Puede implicar desnudar nuestra alma. Significa hablar desde el corazón aun si creemos que podría sonar tonto o cursi. Puede significar hacernos responsables de nuestros errores, ¡y también estar dispuestos a cometerlos!

¡La vulnerabilidad es un superpoder! Es como tomar la medicina una vez y luego vivir libre con un alma sin penas. Mientras más te permitas ser vulnerable, más poderosa será tu vida.

Una toma de lejos

En resumen:

- Mostrar tus verdaderos colores y ser tú mismo te fortalece.
- Tener cimientos sólidos de valía personal te permite mostrarte a la vida como el auténtico tú.

Diálogos internos para ser más fuerte que tus miedos

En mi vulnerabilidad encuentro mi verdadero poder.

Me subo al ring. *Corro riesgos. Hago una diferencia en mi vida.*

Soy yo mismo de manera auténtica, maravillosa y hermosa. Aquí y ahora.

Mi vida está yendo al siguiente nivel, en donde me permito ser yo mismo y mostrarme ante el mundo.

Trabajo en mí ¡y eso soy yo!

Estoy feliz porque hoy sucederán cosas maravillosas. Creo que así será.

Amo saber que mis pensamientos y yo somos originales.

La vulnerabilidad es hermosa y me hace más fuerte. Mundo, ¡heme aquí!

Vale la pena ser quien soy. Todos merecemos serlo.

Estoy agradecido por esta nueva paz en mi mente. ¡Soy especial!

Cuando salgo a la vida con mi autenticidad, fortalezco mi resiliencia. Construyo un nuevo yo.

¡Me amo! ¡Amo mi vida! Amo quien soy.

Veo amor por doquier.

Me emociona mi día. ¡Me emociona mi nueva vida resiliente!

Soy audaz, valiente y lleno de confianza. Soy magnífico. Estoy aquí para ser yo, ¡claro que sí!

Capítulo 7

PERDÓN LIBERADOR

Perdonar es aceptar la disculpa que nunca recibirás.

SHAWNE DUPERON

Para algunas personas puede ser difícil perdonar, pero una vez que aprendes a hacerlo de manera automática, te vuelves más fuerte que tus miedos.

¿Por qué? Porque cuando perdonas, tienes la prueba más contundente de que las acciones de otras personas no te provocan sufrimiento innecesario; eres capaz de soltar, de perdonar, de superar. Y ese es el verdadero poder.

También significa que no guardarás rencores; los dejas ir. Por supuesto, esto no quiere decir que permites que otros se aprovechen de ti o te maltraten, sino que, simplemente evitas situaciones en las que puedan dañarte. Aceptas a los demás por quienes son, pero sueltas la parte emocional. Esto te brinda una libertad perpetua. También te ayuda a permanecer fuerte frente a las acciones de otros.

Hablando de libertad, recientemente compartí en mi pódcast que uno de mis valores centrales es tener libertad en mi vida (en mis horarios, en mis finanzas, etc.). También me refiero a la libertad en mi interior, una energía liberadora que habita en mi mente. Esto significa encontrarla mediante el perdón a los demás.

¿Te has dado cuenta de que cuando alguien te lastima y no puedes dejarlo ir, quien padece el daño e impacto duradero eres tú, más que la otra persona? Frecuentemente pensamos que al no perdonar a alguien tenemos la ventaja, sentimos que tenemos control. Pero en realidad es lo contrario: esa persona seguirá teniendo control sobre nosotros (y nuestras emociones) mientras nos mantengamos aferrados al hecho. La mayoría de las veces, esa otra persona sigue con su vida sin más, sin saber que no la perdonaste ni que sigues con la llaga abierta.

Pero cuando sueltas y perdonas, ya no te rindes ante los defectos y errores del otro. Eres fuerte y estás haciendo lo tuyo, sin dejar que te afecte en gran medida lo que hagan los demás. De nuevo, ¡esto no significa que escondes la cabeza como avestruz, ni que te pones de tapete! Más bien, evalúas la situación en cuanto surge, aprendes de ella, entras en acción si lo consideras necesario y, luego, *la dejas ir*.

Y cuando lo haces, ¡ah, cuán dulce es el sabor de la libertad!

Por ejemplo, si alguien te ha mentido en repetidas ocasiones, puedes perdonarlo, sí, pero también puedes tomar decisiones inteligentes, como ya no dejarlos entrar tanto en tu vida, o incluso sacarlos por completo. También dejarás de considerar sus opiniones en el futuro; o lo confirmas o lo ignoras.

O tal vez alguien te lastimó y aunque siguieron caminos diferentes, sientes que te trató injustamente y quieres culparlo por lo que te pasó. *Ya déjalo ir, con un carajo.* A veces, ni siquiera hay algo que perdonar. No puedes tener la expectativa de que los demás quieran lo mismo que tú. En otras ocasiones, tal vez alguien fue malo contigo, te engañó o te traicionó. Sí, eso está mal, pero ¿sabes qué? Solo perdona y sigue adelante.

Créeme, perdonar te fortalecerá. Te hará más resiliente.

En tu subconsciente, cuando perdonas un insulto o injuria, lo que haces mentalmente es reducir el impacto de esa acción al tamaño de un grano de arena. Incluso puede esfumarse por completo, ¡puf! Simplemente pierde su peso emocional y su relevancia; deja de ser importante para ti. Y eso es poder.

Eso es ser a prueba más fuerte que tus miedos.

Entonces, si quieres recuperar tu poder después de que alguien te haga daño, solo perdona y vuelve a enfocarte en lo nuevo y emocionante que sigue. Tener la habilidad de perdonar significa que eres una persona sabia y amorosa (y eso significa ser amoroso contigo) que, a su vez, significa perdonar.

¡Bienvenido a una vida menos ansiosa y más relajada! Una vida *más fuerte que tus miedos*.

Y sí, tal vez el perdón no suceda de inmediato en todas las situaciones, lo cual también está bien. Yo te invito a que perdonar sea tu reacción inmediata, algo que haces más y no menos. Todos cometemos errores y el perdón es compasión, lo cual eleva tu energía. Y cuando tu energía está elevada en tu interior, vives una vida más fuerte que tus miedos.

Por último, y no menos importante, tenemos que perdonarnos a nosotros mismos. Perdonarte por los errores que cometes, por muy graves que sean, es un acto de amor propio que cambiará tu vida.

De hecho, cuando nos perdonamos a nosotros mismos es más fácil perdonar a los demás. Tu compasión y amor propio te harán más fuerte, mucho más de lo que imaginaste. Pero si albergas enojo, remordimiento o vergüenza por algo que hiciste, estarás creando un obstáculo para tu crecimiento. Es momento de soltar.

Permítete el perdón ahora mismo. Perdónate por todo lo que pueda estar obstaculizando tu camino y siente cómo se te quita un peso de encima.

Eres increíble.

Diálogos internos para ser más fuerte que tus miedos

Perdono con facilidad y así me libero.

No importa lo que pase, el perdón me da paz.

Soy fuerte y confiado, y perdonar lo demuestra.

Amo perdonar; me empodera.

Estoy presente, respirando con calma, ahora mismo.

El perdón me hace crecer; me brinda paz. Al perdonar, crezco; me hace una mejor persona.

La compasión vive dentro de mí. La compasión es mi núcleo. Soy compasión. Tratándose de compasión, siempre es bueno tener más.

Recibo toda la magia a mi alrededor.

Estoy viviendo una vida increíble.

Trabajo para mantener mi mente mágica y brillante.

Soy resiliente, y perdonar me ayuda a ser mejor. Me hace más sabio, más fuerte.

Invierto en mi propia salud mental cultivando el perdón.

Soy feliz porque tengo las riendas de mi mente, y esto me da libertad.

Me perdono cuando cometo un error. Esto es lo que soy.

Tengo un corazón bondadoso y paciente.

Capítulo 8

FRACASOS SIN MIEDO

Todo lo que quieres está al otro lado del miedo.

JACK CANFIELD

Parte de volverte más fuerte que tus miedos implica darte permiso de fracasar. Es otro superpoder, el cual me gustaría que más jóvenes conocieran. La vida es más fácil cuando tu modo de actuar incluye el permitirte fracasar.

Si repasas tu vida y te fijas en las veces en que has cometido errores o fallado, te darás cuenta de que aprendiste lecciones valiosas acerca de tu propia vida, y esas son lecciones que les puedes enseñar a otros.

Sé que parece que la vida sería muy dulce y cómoda si no hubiera inconvenientes, pero los fracasos la enriquecen y la hacen más interesante. De hecho, gracias a ellos somos capaces de sentir mucha *más* felicidad y satisfacción en los momentos de mayor tranquilidad, ¡porque los apreciamos! Después de una tormenta sale el arcoíris, ¿no? En otras palabras, no te conviene temer al fracaso, porque el miedo a fallar te paralizará y hará que te arriesgues menos, lo cual resultará en una vida monótona y poco inspirada, o peor aún, llena de arrepentimientos.

Así que date permiso de fracasar; debes saber que es bueno para ti, tal como un *superfood*. Gracias al fracaso aprendes más, tomas más riesgos, tendrás más ganancias potenciales en el futuro y te fortalecerás (¡sí, ruge!). Es así como tu vida se vuelve *una aventura*.

Dale la bienvenida a errores potenciales como un acto de valentía, porque ¿qué eres?, pues un verdadero chingón, exacto. Los errores no te asustan, claro que no. Eres un guerrero, eres fuerte, eres increíble. Vives la vida con frescura como una lechuga. Eliges experiencias *significativas* por encima de la comodidad y la seguridad, porque eso te hace más fuerte que tus miedos. Así que ¡sal al mundo!

Y recuerda: todos los baches, los socavones, los moretones y las cicatrices en el camino son pasos hacia tu destino final. Habrá altibajos, pero, gracias a que emprendiste el viaje, saldrás mejorado, fortalecido y con mayor grandeza.

Una estrategia brillante es entrenar a tu cerebro para saber que, aun cuando las cosas no salgan como las planeaste, no es el fin del mundo. Siempre habrá algo que ganar. «No hay mal que por bien no venga». No te volverás bueno para levantarte de un tropezón ni para aprender de tus errores y fracasos si los evitas. Para convertirte en un chingón más fuerte que tus miedos debes intentar cosas, aprender y jugar un papel activo en cómo los inconvenientes te transforman.

¿Por qué caemos?, porque así aprendemos a levantarnos.

BATMAN

Sí, ya sé, no parece tan sencillo; mucho menos, divertido. Pero mientras más adoptes esta mentalidad, más fácil será. Y será mucho más divertido a medida que entrenes a tu cerebro para ser así. Cuando esta mentalidad se vuelva parte de ti, nada te afectará, porque te hace sólido como roca, un superhéroe.

Y tu vida se vuelve más sencilla.

Te comparto un truco para ayudarte cuando decidas tomar un riesgo: cambia todos tus pensamientos de «Debo tener éxito» a «Prefiero tener éxito».

¡Vaya! ¿Sientes la diferencia? Es un ejercicio muy poderoso. Adopta una mentalidad como la siguiente:

Sería genial si pudiera tener éxito, pero si no lo logro, no es el fin del mundo.

Siempre encontraré la manera, porque hago limonada con los limones de la vida.

Ese es mi superpoder.

Cambiar el «debo» o el «ojalá» por «prefiero» te da muchísimo poder. ¿Por qué?, porque adquieres una vibra relajada y estimulante. Esto te ayuda a manifestar tus sueños y metas. Aumenta tu felicidad y reduce tu ansiedad, lo cual (y esto es lo más extraño), de hecho, ¡incrementa tus probabilidades de lograrlo!

Si somos positivos al realizar una tarea,
al final seremos más exitosos. La felicidad
es un precursor del éxito y no nada más el resultado.

Shawn Achor

Diálogos internos para ser más fuerte que tus miedos

Estoy aquí para activar mi propia alma, hermosa y brillante.

Soy el experto de mi propia experiencia. Sé qué es lo que funciona para mí.

Es seguro seguir mi verdad. Es seguro ser quien soy.

¡Voy hacia lo que quiero! ¡Soy de los que quieren conseguirlo! ¡Mi segundo nombre es Chingón!

Tengo una relación increíble con mi mente.

La paz mental es simple. Es mi vibra natural.

Las palabras felices siempre están a mi alcance. Los errores impulsan mi crecimiento.

Estoy viviendo la vida más increíble.

Soy más que suficiente. Me elevo y remonto el vuelo.

Siempre me paro erguido y creo en mí. Soy valioso.

Comienzo con mis pensamientos y mis palabras. Soy rudo, resiliente y determinado. ¡Grrrrrrr!

Me arriesgo porque se siente increíble. ¡La vida es una aventura!

Mi vida es divertida porque intento cosas nuevas.

Mi futuro depende de mí. Yo controlo cómo percibo todo.

Cada fracaso me da la oportunidad de reescribir mi increíble historia con sabiduría y resiliencia.

Capítulo 9

EL ARREPENTIMIENTO DESPUÉS DE LA FIESTA

La mejor razón para fallar es aprender
que el fracaso no es el fin del mundo.

William Deresiewicz

Hace veinte años aprendí una lección de vida que desde entonces guardo en mi corazón. En una entrevista oí decir a la experta en relaciones personales, la doctora Barbara De Angelis, que cuando te alejas de una situación y la repasas en tu mente, si te arrepientes de lo que dijiste o no dijiste, simplemente lo dejes ir. Deja de analizarlo; es inútil.

Literalmente, déjalo salir de tu cerebro, porque es imposible regresar en el tiempo y cambiarlo.

- No puedes volver a ese momento.
- No puedes entrar en una máquina del tiempo y regresar el reloj.

Y cuando te das cuenta de que lo dicho dicho está, y de que no puedes hacer nada para cambiarlo, entonces puedes soltarlo de verdad y seguir adelante.

Tal vez pienses: «¿En serio, Kristen? Esto es tan profundo…».

Bueno, pues sí. No puedo explicar por qué me conmovió tanto escuchar este consejo, pero así fue. Tal vez cuando lo escuché el universo sabía que tendría un gran impacto en mí. Porque, cuando las palabras llegaron a mi cerebro, pensé que ese consejo parecía muy fácil, y como la doctora De Angelis era una gran experta, seguramente funcionaba. Así que lo intenté.

Resultó uno de los mejores consejos que he aprendido y uno que le enseñé a mi hija.

¿Has escuchado la expresión en francés *L'esprit d'escalier*? (Literalmente, «el espíritu de las escaleras», refiriéndose a la inspiración que te llega cuando estás saliendo de un edificio). Significa pensar en la respuesta perfecta demasiado tarde. Todos hemos pasado por eso, ¿verdad? Esto aplica para muchas situaciones, como entrevistas de trabajo, citas románticas, frases que te hubiera gustado decir en discusiones que ocurrieron hace años.

Por ejemplo, yo solía tener el mal hábito de repasar todo después de hacer una entrevista de relaciones públicas. En cuanto terminaba el encuentro, repetía la conversación en mi cabeza una y otra vez. La sobreanalizaba. Me jalaba el cabello. Me mordía las uñas. Me obsesionaba con lo que hubiera podido mejorar o me hundía en el arrepentimiento por haber dicho cierta frase o presentado un concepto de manera equivocada.

Pero aquí también aplicaba la misma idea: es demasiado tarde para cambiar el pasado. *¡Es demasiado tarde!*

- Pero ¿sabes qué puedes hacer?
- Puedes cambiar tu vida a partir de ahora.

Claramente, tratándose de aquellas entrevistas, olvidé lo que Barbara De Angelis había dicho.

Así que un día, después de una entrevista particularmente larga en un pódcast, me acordé del consejo de la doctora De Angelis y me tomé sus palabras a pecho. Esta vez, no permití que mi mente sobrepensara hasta perderse y cayera en una espiral de «hubieras». En vez de eso, terminé la entrevista y pensé: «Literalmente, no hay nada que pueda cambiar en lo que acabo de hacer. Ya pasó. Me voy a dar cinco minutos para minar la experiencia y extraer las joyas y lecciones, luego la soltaré y seguiré adelante».

Sí, me di *permiso* de no hundirme en el arrepentimiento ni en el sobreanálisis. Y juro que experimenté una gran relajación interna. Fue como si lo que hubiera dicho en la entrevista fuera lo que estaba destinado a decir exactamente, tal como lo dije. ¡Así tenía que ser! ¡Y saberlo me hizo sentir libre!

Esta reflexión me cambió la vida literalmente. Las entrevistas con los medios siempre me han estresado, pero ahora sentía que no iba fallar, porque dijera lo que dijera, eso era exactamente lo que tenía que decir. Esta pequeña regla de *no arrepentirme después de la fiesta,* de no sobreanalizar hasta hacer bizcos y perder el sueño, me ha brindado un graaan alivio.

Evitar la resaca de la vulnerabilidad

Tengo otro ejemplo relacionado: la *resaca de la vulnerabilidad.* Tú conoces la sensación. En un momento de honestidad, sin querer, compartes de más, o reaccionas enérgicamente contra alguien por algo, pero de una manera torpe y vergonzosa, y de inmediato te sientes de lo peor.

¿Te ha pasado? Recuerdo un día en que estaba rebosada de amor y sentía unas vibras superelevadas, una amiga me escribió sobre algo por lo que estaba conflictuada. Toma en cuenta que no era de mis mejores amigas, por lo que no nos conocíamos *tan* bien. Pero sí era una buena amiga y me sentí honrada de que compartiera su problema conmigo.

Así que, en mi estado mental de «todos somos uno y el mundo es amor», respondí su mensaje. Como tenía muchas ganas de alivianarle el dolor y demostrarle mi apoyo, le escribí: «Deja que mi corazón lata por el tuyo esta vez. Déjame ser tu fuerza».

¡No, bueno, trágame tierra! ¡Qué mensaje más cursi!

Realmente me pregunté si había manera de cancelar un mensaje de texto ya enviado, un botón al cual darle clic para arrancarlo del mundo etéreo antes de que le llegara al remitente. En esos tiempos no había esa opción.

Bajé la cabeza y tuve un momento de «¡Por Dios!, ella pensará que soy superrara». Y entonces mi loco cerebro de Kristen zigzagueó y me fui en otra dirección. Mis ojos se abrieron como platos y el estómago me dio un vuelco cuando pensé: «¡Ups! ¿Y si piensa que soy una engreída de lo peor que se siente más fuerte que ella porque no puede lidiar con esto sola? ¡Ay, no!».

Me frené en seco.

Recordé mi lección acerca de soltar tonterías como esas. Literalmente no había nada que pudiera hacer para regresar y cambiar lo que acababa de escribir, fuera o no estúpido. No podía borrar ese mensaje. Angustiarme tampoco ayudaría. Lo único que podía hacer era seguir adelante. Y eso hice.

Es lo único que podemos hacer, y me parece un gran consejo.

En este caso, mi pánico fue en vano. Resulta que mi comentario la consoló en el momento en que lo recibió. Y pensar que yo había querido borrarlo…

Por qué importa

Cuando entrenamos en no preocuparnos demasiado sobre algo que ya hicimos, entonces sabemos que, en el futuro, pasaremos más rápido la página después de una experiencia de arrepentimiento. Esto ayuda a aligerar nuestro estrés antes de momentos y situaciones de ansiedad, como las entrevistas. Ahora que sé que no voy a querer que la tierra me trague si meto la pata en una, puedo presentarme a la siguiente con más confianza. Me puedo relajar y ser yo misma, con todo y mis errores, si eso sucede. La presión por ser perfecta va desapareciendo. Y si enfrentamos la vida así, ¡obtendremos *mucho poder!*

Irónicamente, las probabilidades de que meta la pata disminuyen porque ya no estoy pensando en que me equivocaré. En tu vida, las probabilidades de cometer errores son menos si, en primer lugar, dejas de tener miedo de cometerlos.

En la milicia, después de completar una misión, los soldados hacen algo que se llama AAR (siglas en inglés de *After-Action Review,* o sea, «Revisión después de la acción»), en donde hablan de lo que salió bien y de lo que salió mal, y de cómo podrían mejorar la próxima vez. Luego siguen adelante, sin acusaciones, dedos apuntadores o autoflagelaciones. Han hecho del aprendizaje una ciencia efectiva y eficiente en donde no hay espacio para recriminaciones, porque eso siempre duele y nunca ayuda.

Así que, en el futuro, si estás en una situación que te deja intranquilo, puedes darte permiso de tener un breve «momento de aprendizaje» para hacer una nota mental para el futuro, y luego de eso, pasar la página. No puedes cambiar el pasado, literalmente, así que no le des más vueltas, ¡y punto!

NOTA: Esto no quiere decir que no pidas perdón por algo que lo amerite. Si lo haces, hazlo de corazón y sigue adelante.

Diálogos internos para ser más fuerte que tus miedos

Día a día tomo decisiones que me hacen mejorar. Vivo y aprendo.

Me siento agradecido por el viaje de mi vida y todo lo que conlleva.

Atraigo la grandeza, porque pienso con grandiosidad. Tengo la fortuna de poseer una mente grandiosa.

Mi viaje es hacia adelante. No tengo por qué mirar hacia atrás.

Sé quién soy y sé a dónde voy. Dejo el pasado donde pertenece, en el espejo retrovisor.

Sé que voy por el camino correcto.

Salgo a la vida. Yo soy yo. Me muevo, me muevo, me muevo.

Estoy cómodo conmigo mismo. Si cometo errores, sonrío y sigo adelante.

Solo me muevo hacia adelante y hacia arriba; cada vez, cada día, vivo mejor.

Creo en mí. Creo en mis habilidades. Creo y esa es la clave.

Elijo perdonar. Elijo la valentía. Elijo vivir épicamente.

Estoy listo para tomar las riendas de mi vida y actuar.

No voy a cambiar el pasado, me paro erguido y sigo adelante.

Mi dirección favorita es hacia adelante. ¡Piso el pedal del acelerador y arranco!

Me apasionan mis metas. Soy apasionado de mí. ¡Soy valioso!

Capítulo 10

SÉ UN BUEN MUÑECO BOBO

El año pasado descubrí algo que me voló la cabeza. Es un atajo mental poderoso que puede disminuir tu estrés y ayudarte a tener éxito, además de hacerte más feliz.

¿Estás listo?, porque es muy sencillo, y eso es lo que lo hace tan fascinante para mí:

Puedes «explicar» tu camino hacia la felicidad.

Para ser más específica, tu «estilo explicativo» juega un papel en tu estrés y tu éxito.

Resulta que la *manera* en que te explicas las situaciones (por ejemplo, por qué algo sucedió), ya sea positiva o negativamente, afecta tu vida de formas muy significativas.

En otras palabras, cómo te expliques los eventos que suceden en tu vida, de hecho, puede *cambiar* tu vida.

¿Qué significa esto realmente?

Tu estilo explicativo es la manera en que procesas algo (como bueno o malo en tu mente) cuando sucede. ¿Qué significado le atribuyes? ¿Cómo lo evalúas?, ¿como una amenaza, un desafío, algo equis, pura coincidencia, una señal del universo o una bendición oculta?

Por ejemplo, supón que tuviste un leve accidente automovilístico. Hay muchas explicaciones posibles:

- Esta mañana me desperté tarde y llevaba prisa.
- El otro conductor no tenía el paso.
- El pavimento estaba mojado, así que mi auto no se detuvo lo suficientemente rápido cuando frené.
- ¡Los semáforos amarillos en esta ciudad no duran lo suficiente!
- No fue mi culpa, pero pude prevenir el choque si hubiera conducido con más precaución.
- [Encogimiento de hombros]. Los accidentes suceden... afortunadamente, este no fue grave.
- ¡Los conductores en esta ciudad están locos!
- Esto no habría sucedido si tuviéramos autos que se conduzcan solos.
- ¡Pude haber muerto! Esta es la manera en que el universo me recuerda que no debo dar nada por sentado.

Toma en cuenta que algunas de estas explicaciones pueden ser ciertas, mientras que otras pueden ser falsas o irrelevantes. Incluso puede ser que muchas de ellas sean ciertas, en el sentido de que cada razón jugó un papel hasta cierto grado. Aquella en la que te enfoques más dependerá de tu estilo personal para explicar.

La explicación en tu cabeza, aun si solo es subconsciente, es una forma de diálogo interno. **Es la historia que te cuentas acerca de lo que sucede en tu vida...** ya sea la causa o significado de un accidente de auto tal como el que se describió, o bien de que recibas una oferta de trabajo, te despidan, tengas un romance, corten la relación contigo; o tal vez de por qué se te cayó un frasco de mayonesa, te ganaste un premio, un candidato político ganó una elección, o te golpeaste el dedo gordo del pie.

¿Puedes ver cómo tu explicación de lo que sucede *colorea por completo* tu percepción de la realidad?

Es por eso que dos personas pueden ver exactamente la misma película o vivir el mismo evento y tener dos reacciones totalmente diferentes.

Por qué importa

Tu estilo para explicar impacta tus niveles de estrés. Afortunadamente, tienes la habilidad para controlarlo (¿cómo?, usando el diálogo interno, ¡claro!).

Resulta que las personas que tienen un *estilo explicativo positivo* se estresan menos ante los desafíos y las pruebas de la vida. Tienen la perspectiva de «no es gran cosa» o «la vida sigue». No son tan duros consigo mismos.

Como la vez que llegué tarde a una reunión porque no pude encontrar algo que necesitaba antes de salir de la casa. En lugar de ponerme toda negativa por eso y de regañarme por haber extraviado lo que necesitaba, me dije: «Oye, nunca sabes, tal vez este retraso evitó que tuvieras un accidente en el auto».

Las investigaciones demuestran que, sin importar la dificultad que enfrentaste (o que aún sigas enfrentando), si entrenas tu cerebro para interpretar los eventos de manera positiva, tendrás menos estrés y angustia, que es el objetivo de este libro.

Cómo elijas explicar los eventos en tu pasado (y sí, es 100% tu decisión) tiene un impacto definitivo en tu felicidad, así como en tu éxito futuro.

Esto no significa que te mientas. Tal como los puntos de la lista al inicio del capítulo, puede haber muchos factores que contribuyen a todo lo que sucede, pero tú simplemente decides enfocarte en uno o más de los factores positivos.

Siempre tienes esta opción, sin importar lo seria que sea la situación, tal como escribió el doctor Viktor Frankl, en su libro *El hombre en busca de sentido*, la manera en que interpretó su tiempo en un campo de concentración nazi le brindó una misión de vida en la que se aseguraría de que tales atrocidades nunca volvieran a suceder. Si el doctor Frankl puede rescatar un significado tan positivo de una experiencia tan horrible, entonces tú y yo podemos adoptar un significado positivo de literalmente *cualquier cosa*.

En la investigación, aquellos con un estilo explicativo optimista tienden a levantarse de una caída muuuuucho más rápido, sea cual sea la dificultad que enfrentaron, porque sus creencias afectan sus acciones.

Estas personas son como muñecos Bobo. ¿Los conoces? Son juguetes o herramientas de entrenamiento grandes con una base pesada que, cuando los golpeas, se inclinan, pero automáticamente regresan a su posición erguida. O sea, los noquean y de inmediato rebotan a su posición original. Buen muñeco Bobo.

¿No te parece una metáfora genial? Quieres ser un buen muñeco Bobo; si algo te noquea, te levantas enseguida.

Pero para las personas con un estilo explicativo pesimista, sus creencias pueden provocar que se den por vencidos. ¡Las explicaciones negativas perjudican! Si te cuentas una historia desfavorable acerca de por qué algo sucede, te genera más estrés y puede hacer que tu vida se sienta más amenazante, en consecuencia, te asustas más fácilmente, con mayor frecuencia, y tu ansiedad aumenta, lo cual no es bueno. Muñeco malo.

Esas personas no se levantan enseguida, no. Esas personas son muñecos Bobo con un agujero por el que pierden todo el aire y se quedan desinflándose en el suelo. Quién sabe cuándo se levanten. Esas son las personas que se dicen frases como «siempre me enfermo», «siempre elijo a la persona equivocada», «la gente es nefasta».

Hacer eso complica la vida. ¿Tú eres de esas personas? Si sí, detente. ¡Sé un buen muñeco Bobo!

¿Por qué los que explican con optimismo viven mucho mejor? Porque cuando algo malo sucede, están inspirados para hacer más y hacerlo mejor. Se ven a sí mismos como personas que crecen de las situaciones difíciles porque encuadran (explican) los desafíos bajo una luz positiva, como una oportunidad para crecer. Y cuando los tiempos son buenos, se ven como personas fuertes, afortunadas y merecedoras.

De acuerdo con el experto en felicidad, Shawn Achor:

> Virtualmente, el estilo para explicar dicta todos los caminos hacia el éxito... predice qué tan buen rendimiento tendrán los alumnos de preparatoria. Y en el mundo de los deportes, los estudios en atletas, desde nadadores colegiados hasta jugadores profesionales de beisbol, demues-

tran que el estilo explicativo predice el desempeño atlético. Incluso predice qué tan bien se recuperará una persona de una cirugía de la arteria coronaria.

Es momento de practicar

Tienes una tarea. Piensa en algunos de los eventos más importantes que sucedieron hoy, la semana pasada y durante el año pasado. Piensa en eventos buenos y malos. Escribe entre cinco y diez. Ahora, repasa cada uno y explícalos de manera optimista.

Diálogos internos para ser más fuerte que tus miedos

Me encanta ver lo bueno que se puede rescatar de todo lo que me sucede.

Soy una persona con suerte. Tengo mucha, mucha, mucha suerte.

Soy un buen muñeco Bobo, enseguida me levanto de cualquier dificultad.

Una vez que decido ser feliz, encuentro la felicidad dondequiera que mire.

Yo soy quien decide qué creer y elijo ser feliz.

Me siento agradecido por mi vida de vibración elevada. Veo lo mejor en todas las situaciones.

Yo merezco felicidad. Tú mereces felicidad. Todos merecemos felicidad.

Desde dentro, brillo con la luz dorada de la felicidad.

Tengo magia y fuego, y me levanto cada vez.

Soy inteligente, astuto, ingenioso y simpático.

Me entusiasma despertarme feliz en la mañana.

Soy decisivo con mi felicidad.

Mi corazón me lleva a niveles elevados cada día. Vivo la vida con confianza. ¡Me levanto! ¡Me recupero!

Soy yo mismo. Soy quien quiero ser.

Soy tan feliz como lo decida, porque puedo guiar mi propio destino.

Capítulo 11

DEJA DE QUEJARTE

Aunque durante las primeras décadas de mi vida sufrí de mucha ansiedad y estrés, me consideraba una persona casi siempre positiva. O al menos eso pensaba… porque siempre sabía encontrar razones para quejarme; me pasaba los días juzgando, criticando, protestando o quejándome de esto y aquello.

Esto no era tener fortaleza frente a mis miedos.

Aun si las cosas que juzgaba o por las que me quejaba eran mínimas, sí impactaban mi bienestar, y no en poca medida. Porque cada pequeña queja, cada juicio y gimoteo era una herida a mi salud. ¿Has oído la expresión *muerte por mil cortes*? Así es como muchos de nosotros vivimos. Cualquier juicio o descontento puede parecer pequeño e intrascendente. Y sí, si solo sucediera en una única ocasión, sería intrascendente, ¡pero cada uno cuenta! Juntos son capaces de matar nuestro espíritu, destruir nuestra autoestima y evitar que seamos nuestros yoes mágicos y resilientes.

Un día me di cuenta de que cuando me quejaba de alguien o de algo que hacía, *yo* era la que sufría. *Yo* era la que sufría cuando criticaba algo. La persona o lo que yo estaba juzgando no sufría. Vaya, la mayoría de las veces ni se enteraba. No, la única que sufría era yo y, encima, el sufrimiento se acumula, o sea, cuanto más crece, aumenta su velocidad de crecimiento.

Se puede salir de control bastante rápido y entonces nos lanza a una espiral descendente.

Cuando alguien se la pasa quejándose, juzgando y gimoteando, una negatividad leve se complica hasta transformarse en *una nueva personalidad completamente negativa*, con una vibra igual completamente negativa. Crece más y más, como un demonio feo y retorcido, hasta que la persona termina siendo una cascarrabias miserable. Nadie quiere estar cerca de ella, lo cual aumenta aún más su miseria.

En retrospectiva, pasármela criticando y quejándome nunca se sintió bien. Tal vez en ese momento pensé que sí, pero eso era solo mi ego. Lo único que atraía era energía triste y negativa. Tampoco sucedió que de pronto me puse en plan Madre Teresa, es solo que un día claramente hice la conexión entre mis constantes críticas y yo: entendí que la razón por la que criticaba tanto era que, bueno, *me criticaba a mí misma*. Mi autoestima era baja y no me sentía merecedora de vivir una gran vida (todo eso fue antes de que aprendiera el increíble poder de las conversaciones positivas).

Con el tiempo y conforme fui aprendiendo a controlar mi mente, encontré lo mucho que valía y descubrí mi amor propio. Y uno de los resultados fue que criticaba, me quejaba y juzgaba las cosas cada vez menos, y menos, y menos. Y mi vida se sentía mejor, y mejor, y mejor.

Hoy busco razones para amar a las personas que veo, las actividades que hago, el mundo a mi alrededor, con todo y su locura. Busco las razones para amar todo de todo, aun cuando sea difícil. Porque cuando comienzas a hacerlo, descubres que te estresas muuuuucho menos. Tu mente comienza a experimentar una paz que no sabías que era posible.

Diálogos internos para ser más fuerte que tus miedos

Tengo pensamientos positivos, porque mejoran mi vida.

Envío pensamientos amorosos a las personas, y esto me fortalece ante mis miedos.

Cada día, en todo tipo de formas, soy más y más inteligente. Controlo mi mente. Conozco mi valía.

Me gusta elegir palabras felices, porque se siente mejor.

Siempre tengo opción. Siempre puedo elegir palabras positivas.

Me encanta tener una mente bondadosa. Me encanta descubrir el bien.

Soy maravilloso y estoy lleno de vida alegre. Soy confiado, bondadoso y generoso.

Mediante la repetición domino mi mente de todas las formas.

Transformo lo antiguo en lo nuevo, ahora mismo.

Mi condenada actitud positiva me fortalece.

Miro el lado bueno cada vez que tengo la oportunidad.

Me divierto encontrando lo positivo en todo.

Soy un faro de felicidad. Con mi luz hago que la oscuridad se esfume.

Soy valioso. Tú eres valioso. Todos somos valiosos.

Todo siempre está bien.

Capítulo 12

¿TIENES PROYECTOS ESTRESANTES? ¡HAZ ESTO!

¿Sabes? Algunos proyectos implican estrés. Ni siquiera importa si tú lo elegiste voluntariamente, aun así, puedes estresarte y preguntarte, de entrada, por qué te embarcaste en aquella maldita misión. Puede ser un proyecto del trabajo, planear una fiesta, hacer una carrera de diez kilómetros o mudarte de casa.

A veces ese proyecto estresante es algo que tienes que hacer por obligación, como cuidar a un ser amado que se enfermó u obtener esa certificación como requisito en tu trabajo.

Un proyecto puede ser estresante por muchas razones. Tal vez hay mucho en juego y el éxito no sea una garantía. Quizá hay personas que cuentan con que lo hagas. Igual y todo se está acumulando y tú estás cada vez más abrumado. A lo mejor el deseo de perfección o el miedo al fracaso te están llevando al borde del colapso. O tal vez estás muy arrepentido por aceptar un proyecto que es más demandante de lo esperado. «¡Aaaaaah! ¿en qué carajos estaba pensando?».

El punto es que algunos proyectos se pueden sentir abrumadores, lo cual te estresa, te genera ansiedad y hace que debas llamar a tu manicurista porque te mordisqueaste las cutículas y ahora tienes pellejos que sangran.

Bueno, pues no temas más, ¡tengo unos consejos para ti!

Estos llegaron a mí por medio de mi hermosa amiga italiana Kristina Rienzi, quien los compartió en su Instagram un día (te recomiendo que revises su cuenta) y pensé que serían un complemento perfecto para este libro.

Kristina está cursando un doctorado en psicología clínica (¡hablando de proyectos estresantes!). Y en ese programa ha tenido que lidiar con bastantes dosis de estrés. Pero ¿acaso levanta las manos para rendirse y decirle *sayonara* al doctorado? ¡Claro que no! ¡Se siente entusiasmada por perseguir su meta! Esto es algo que le cambiará la vida. Pero incluso con todo su entusiasmo, hay estrés, y así es cómo lo enfrenta esta chingona:

1. Sé bondadoso contigo mismo

La bondad es una reina. Lo primero y más importante es que seas bondadoso contigo mismo cuando trabajes en proyectos abrumadores. Recuerda que eres humano y necesitas tomarte descansos. También debes amarte incluso en los momentos de locura y darte unas palmaditas en la espalda. Si sientes que no tienes el tiempo suficiente para tomarte un descanso, considera que uno breve es beneficio garantizado, porque te recargas y te vuelves más eficiente.

¿Por qué ser bondadoso contigo mismo funciona?

Evita que te agotes. El *burnout,* o síndrome de trabajador quemado, es un boleto a un viaje exprés hacia la frustración y el desistimiento. Pero si eres bondadoso contigo; o sea, te das un abrazo, tomas un café, sonríes, buscas momentos para reír —incluyendo de ti mismo—, comes trufas de chocolate o pan tostado con mantequilla y azúcar, o te dices simples palabras de aliento, entonces disfrutarás más tus proyectos, sin importar de qué se traten.

Cuando oí a Kristina hablar de esto, de inmediato pensé en mí. Ahora mismo estoy trabajando en una novela y en un momento tuve que cerrar mi laptop en medio de lo que estaba haciendo, porque pensé: «Tengo que ir a acostarme en el sillón». De verdad, necesitaba recostarme, dejar que mi cerebro descansara, que mi alma reiniciara su sistema; decidí tomarme un momento para no hacer nada.

De hecho, Natalie Goldberg (una escritora que escribe sobre escribir) sugiere *tomarse un día completo* para no hacer absolutamente nada. Nada de teléfonos, nada de computadoras, nada de trabajo. ¡Nada de pensar! ¿Por qué? Porque eso es ser bondadoso consigo. Lo curioso es que, cuando lo retomas, ¡trabajas mejor! Tu habilidad para recuperarte es como magia cuando le das permiso a tu cerebro de descargarse. De pronto, todo se vuelve más claro. Concibes soluciones a problemas y respuestas a preguntas que antes se te escapaban. Ser bondadosos con nosotros mismos hace que desarrollemos fuerza y resiliencia profundas.

2. Consigue un sistema de apoyo: «tu persona»

Algo más que Kristina mencionó que te ayuda a salir adelante en proyectos estresantes es tener activado un sistema de apoyo. Este puede ser tu cónyuge, un amigo, un vecino buena onda o tus hijos. No importa quién sea, siempre y cuando confíes en esa persona y esté a tu alcance.

Cuando Kristina mencionó que es importante tener a tu persona de apoyo durante proyectos estresantes, mi mente enseguida pensó en la serie *Grey's Anatomy.* Pensé en Meredith Grey y en cómo ella siempre tenía el apoyo de Christina. De hecho, Meredith la llamaba «mi persona». Saber que tienes a tu persona te aliviana cuando estás en medio de un proyecto pesado, porque sabes que puedes compartir tu carga emocional. Aun si la otra persona no te ayuda con algo específico del proyecto, su mera presencia hace que todo se sienta más ligero y mejor.

¿Tienes a «tu persona»?

Yo tengo a «mi persona», mi esposo. Supongo que podría decir que tengo a *mi gente,* porque mi mamá también es mi persona. Y también está mi querida amiga Jenn, que me deja hablarle de lo que sea, incluso de cucharas de madera, y durante una hora si es necesario para distraerme y no angustiarme por una próxima fecha de entrega.

Una toma de lejos

En resumen:

- Cuando los proyectos y la vida se vuelven espinosos, levántate y toma un descanso, aun si parece algo difícil. Descansar te ayudará a aplastar los pensamientos ansiosos y a encontrar paz mental. Te hará más fuerte que tus miedos.
- Encuentra a «tu persona», alguien especial con quien puedes bailar en medio de un proyecto abrumador o una tormenta de mierda.

Diálogos internos para ser más fuerte que tus miedos

Soy amable conmigo. Me amo. Me honro. Esto me hace más fuerte que mis miedos.

Soy bondadoso conmigo, lo que a veces significa flojear. :)

Amarme se siente bien. Soy así.

Me amo, y eso me ayuda a rifármela en mis proyectos, metas y sueños.

Se siente bien ser amable conmigo mismo. Mi amor propio está bien arraigado.

Cuando estoy en el hoyo, acudo a mi tribu.

Atraigo a gente grandiosa em mi vida. Siempre contamos el uno con el otro.

Amo a mis amigos y ellos me aman.

El autocuidado y el descanso son mis armas secretas para tener una mente clara y en calma.

Mi círculo de amigos es mi círculo seguro.

Todo el universo conspira para ayudarme a manifestar mi mejor vida.

Estoy agradecido con mis mejores amigos. Estamos ahí para apoyarnos.

Con el apoyo de un amigo, incluso mis proyectos más difíciles se vuelven aventuras emocionantes.

Me tomo descansos y encuentro tiempo para dedicarme a mí, especialmente cuando estoy ocupado.

Conozco la verdad. Sigo mi intuición. Respiro profundamente. Aquí y ahora.

Capítulo 13

PROSPERAR CON GENTE TERRIBLE ALREDEDOR

La gente cambia de opinión observando, no peleando.

WILL ROGERS

La gente me envía correos todo el tiempo acerca de *cómo lidiar con otras personas que no están en la misma sintonía que ellos...* Y lo entiendo. En serio. A veces, en la vida te encuentras con gente que no comparte tu entusiasmo por las palabras y los sentimientos magníficos. ¡No están en el canal maravilloso que estás tú! Cómo quisiera que más personas entendieran el increíble poder que tienen en sus manos: el de transformar sus vidas al cambiar su mentalidad.

Y esta es la cuestión que debemos considerar.

Todos estamos en viajes diferentes.

Y puedo empatizar. Hubo un tiempo en que yo me revolcaba en el mismo lodo en el que se encuentra mucha gente negativa.

Y sí, puede ser difícil mantener tu vibra elevada cuando te rodea energía negativa. Tanto en el trabajo como en tu casa, la energía negativa de otras personas choca contigo y puedes sentir que la turbulencia te tumba mientras tú estás tratando de volar en tu alfombra mágica.

Para empezar, te ayudará sentir compasión y empatía por las personas negativas. Eso no significa que debas tolerarlos o entrar en su rollo. Tampoco significa que tengas que estar todo el tiempo en su compañía (si es posible), porque su energía negativa va a desgastar tu propia chispa espectacular. Pero sí te ayuda a recordar que cada uno de nosotros está en su propio viaje y que cuando tú brillas, los demás reciben información. Cuando te ven viviendo de manera positiva, porque ves el mundo con optimismo, entonces la idea de que esto es posible les entra en la cabeza. Tal vez no actúen en consecuencia, al menos no enseguida, pero al menos sabrán que es posible.

A veces las personas se contagian de tu onda positiva de inmediato porque están en un punto de desesperación y tienen ganas de cambiar. Y a veces tu positividad brilla ante ojos ciegos y oídos sordos. Pero ten por seguro que eres una semilla que logra plantarse en su vida, y quizá con el tiempo se encuentren a sí mismos en el mismo punto que tú. No obstante, mientras esperas a que viajen en su alfombra mágica, o a que se suban a la tuya, aquí te comparto unos consejos para prosperar alrededor de gente negativa (tres prácticos y dos mágicos).

Tres herramientas «prácticas»

1. Deja que tu luz brille

Quieres servir de ejemplo. Quieres demostrarle a la gente lo asombrosa que es la vida cuando tienes una actitud positiva. Así que todo empieza contigo, siempre, porque tú estás a cargo de tu buena actitud, sin importar las circunstancias o la gente a tu alrededor.

Esto es más fácil cuando las interacciones son breves porque la negatividad dura poco. Lo difícil viene cuando la persona vive contigo o básicamente se despierta todas las mañanas como si alguien se hubiera orinado en su desayuno.

Sin duda, estar cerca de quien siempre ve el lado negativo de todo, o de aquel que se queja sin parar o que siempre está preocupado puede ser un gran desafío para ti. Es demasiada turbulencia en tu viaje en alfombra mágica y te puede desanimar. En este tipo de situaciones, aun si tu sonrisa permanece inquebrantable, tienes que esforzarte más para mantener tu vibra elevada. En ese caso, acuérdate de mantener tu luz encendida. Sé el ejemplo. Y luego considera las siguientes dos herramientas.

2. Sal de ahí cuanto antes

Otro consejo básico, que tal vez parezca obvio, pero que con frecuencia no seguimos, es apartarte de ese campo negativo tanto como puedas. Tal vez te puedas ir a otro cuarto o generar cierto espacio. O usar tapones para los oídos. O ponerte los audífonos y escuchar música para evitar el ruido negativo. O haz lo que llamo un «cambio de ubicación»: toma tu laptop y sal a trabajar al Starbucks, además, ¡podrás tomarte un capuchino mientras tanto!

A veces la solución más fácil es la mejor: sal de ahí cuanto antes. Porque, verás, yo no permito que mi bienestar psicológico termine como rehén de los problemas de otras personas, ¡sobre todo cuando ellas no se ayudan a sí mismas! Esos días forman parte de mi pasado y no pienso volver. Así que, créeme, si tengo que bloquear las quejas o los sermones de alguien más con «Happy» de Pharrell Williams para conectarme con un poco de autocuidado, claro que lo hago.

3. El empujón discreto

A veces eres algo así como un rehén de tu propia situación negativa miserable. Digamos que estás en tu auto y tu hermana se está quejando del tránsito o tu esposo se está abrumando por el trabajo, entonces una de las mejores cosas que puedes hacer es darles a sus pensamientos un empujoncito hacia una dirección diferente. Este ligero empujón es discreto: sigues en la conversación, pero estratégicamente la diriges hacia un sendero más luminoso.

En mi libro *Un café contigo* comparto que suelo responderle a la gente que se queja, gimotea o se abruma por algo con «No sería maravilloso si...», seguido de algo increíble que los distraiga. Entonces, por ejemplo, si alguien en el auto se queja del tráfico, tal vez le diría: «¿No sería maravilloso si tuviéramos un auto que se pueda elevar y pudiéramos volar por encima de todos estos autos?». Al plantear un escenario bobo y divertido, como los autos voladores, se aligera el estado de ánimo de todos los que van conmigo, incluyéndome.

O supón que estás en una situación en la que tu cónyuge se está quejado de su jefe. Puedes decirle algo juguetón como «¿No sería chistosísimo si tu jefe empezara a hacer hula-hula mientras encabeza las juntas?» (mejor aún, vestido con un tutú). Ok... esto no quiere decir que seamos irrespetuosos en momentos que requieren un apoyo más serio y gentil. Pero a veces un poco de ligereza es justo lo que necesita la situación. Además, inyectar humor a las situaciones negativas es una gran manera de romper los patrones emocionales negativos de las personas.

Dos herramientas «mágicas»

1. Espolvorear polvo de hadas amoroso

Este es uno de mis métodos favoritos para, en secreto y en mi mente, esparcirles amor a las personas nefastas y negativas. Me imagino que les espolvoreo por todo el cuerpo polvo de hadas dorado. Este polvo de hadas es mágico y les cambia la mentalidad.

También les mando amor, ya sea que esté en el mismo cuarto con ellos o al otro lado del mundo. Hago esto con gente que conozco y que no conozco, como celebridades, líderes mundiales, o cualquier persona. Me los imagino cubiertos de polvo de hadas amoroso. Tal vez no parezca que esto es efectivo, pero acumulo energía y se las mando.

Como mínimo, esto definitivamente me ayuda a ser más resiliente en el momento, lo cual es genial, pero también creo que mis esfuerzos hacen una diferencia. Lo que sí es seguro es que nunca te vas a lastimar por enviar pensamientos de amor y bondad.

2. Desear felicidad

Al igual que con el polvo de hadas, cultivo el deseo de que la persona negativa sea *feliz*. Lo hago en mi mente. Literalmente, en el momento en que lanzan su perorata, pienso: «Te deseo que seas feliz». Repito, hago esto para personas que están cerca o lejos.

El hermoso acto de desear que alguien sea feliz no solo puede causar un impacto en esa persona, sino que a mí también me hace sentir mejor. Es como si me quitara de encima el peso de su negatividad.

Uno de los mejores consejos que puedo dar: si haces esto en automático, si en tu mente de inmediato piensas: «Te quiero y deseo que seas feliz» y lo haces todo el tiempo cuando alguien hace algo que te frustra, entonces te quitarás un gran peso de encima, porque, no solo sientes que hiciste algo proactivo, hacer esto por otra persona se siente muuuy bien en tu corazón.

Diálogos internos para ser más fuerte que tus miedos

Controlo mi mente. No permito que los demás me desanimen.

Mantengo mi mente y mi corazón fuertes, esté donde esté.

Esparzo polvo de hadas amoroso dondequiera que voy.

Los demás no me afectan. Tengo las riendas de mi propia felicidad.

La gente complicada y los momentos difíciles me hacen más fuerte.

Soy lo suficientemente fuerte para alejarme cuando no estoy con la persona adecuada.

Soy resiliente y prospero. Crezco porque estoy vivo.

Yo creo mi propia vida, que comienza con las imágenes que creo en mi cabeza.

Mis hombros se sienten ligeros porque mantengo mi mente clara.

Amo estar rodeado de personas felices. Los atraigo fácilmente a mi vida.

Atraigo la grandiosidad, porque emito una vibra bondadosa de grandiosidad.

Mis ojos brillan con amor dondequiera que vaya. Dejo chispas de inspiración por donde ando.

Estoy a cargo de mi vida. Soy amoroso y amable.

Deseo la felicidad del mundo ahora mismo. Mundo, te amo. Mundo, te aprecio.

Tengo una fortaleza interior que crece y crece cuando hago contacto con mi amor propio. Prospero ante la adversidad.

Capítulo 14

LA VIDA ES COMO UNA RECETA DE PASTEL DE CHOCOLATE

Si lo externo te angustia, el dolor no se debe a la cuestión en sí, sino a tu estimación sobre esta. Y tienes el poder para revocarla en cualquier momento.

MARCO AURELIO

La vida es como una receta: tiene ingredientes.

Cualquiera que haya cocinado alguna vez sabe que los ingredientes son un factor determinante en un platillo exitoso. Por ejemplo, si quieres hacer un pastel de chocolate, usas los *ingredientes* adecuados: harina, azúcar, chocolate, huevos, mantequilla... ya sabes, lo que indica la receta y, por supuesto, no vas a usar pasto de trigo ni aceitunas para cocinarlo.

Cuando hablamos de ser más fuerte que tus miedos, el estilo de vida que tengas dependerá de los ingredientes que uses, los cuales son lo que aportas a tu día a día:

- Tus diálogos internos.
- Con quién convives la mayor parte del tiempo.
- Lo que ves en la televisión, los libros que lees, etcétera.
- Cuánto tiempo pases en redes sociales, a quiénes sigues, etcétera.

Eso que tú aportas se mezcla en un tazón, luego se hornea y lo que sale es *tu vida.* Los ingredientes, tus contribuciones, se manifiestan como el resultado. Así que, si quieres una vida dulce y mágica, ¿estás seguro de que estás usando suficientes ingredientes positivos, dulces y mágicos en la mezcla?

La gente no se da cuenta de cuántas contribuciones negativas permiten en su vida. El gurú de la felicidad Shawn Achor dice al respecto: «Hay algo que se llama el síndrome de la escuela para médicos, en el que, durante el primer año de estudios, al enlistar y oír todo lo malo, los síntomas negativos y las enfermedades que puede contraer el ser humano, algunos de ellos se dan cuenta de que las tienen todas».

Lo mismo sucede con las noticias, que en general son negativas, y la opinión de Shawn es la siguiente:

> Este patrón de enfocarse en lo negativo permea no solo en nuestras investigaciones y escuelas, sino también en nuestra sociedad. Ponte a ver las noticias y casi todo el tiempo al aire se utiliza para anunciar accidentes, corrupción, asesinatos, abusos. Este enfoque en lo negativo engaña a nuestros cerebros para que creamos que este terrible porcentaje es la realidad, que la mayor parte de la vida es negativa.

Mientras más ingredientes negativos dejes entrar en tu vida, más negativa será la perspectiva a través de la cual percibes el mundo. Y eso no es vivir positivamente. Esa no es una vida en la que seamos más fuertes que nuestros miedos.

Tu meta es decidir qué tipo de vida quieres y, por lo tanto, qué ingredientes deberás incluir en tu receta. ¿Estás buscando que tus experiencias felices te alienten e inspiren? Entonces, ¿qué ingredientes vas a usar? ¿Cuáles son las aportaciones positivas a las que te expondrás regularmente?

Tarea

En una hoja de papel escribe tu propia *receta para una vida mágica.* ¿Qué ingredientes necesitarás?

Diálogos internos para ser más fuerte que tus miedos

Me aseguro de tener una vida dulce y mágica porque procuro pensamientos dulces y mágicos.

Yo decido qué se hornea en mi vida. Es mi derecho.

Siempre veo el mundo desde una perspectiva positiva. Mi mente hace que mi vida tenga una calificación de diez.

Tengo el poder de cambiar mi vida en cualquier momento.

Yo controlo mi imaginación. Puedo crear todo lo que quiero.

Cuando genero imágenes divertidas y tranquilas de mí y de mi vida, atraigo más experiencias así.

Yo decido qué compañía tener. Yo decido tener buenos pensamientos. Estos me empoderan.

Mi vida es tan deliciosa como un pastel de chocolate, porque yo lo hago posible.

Los ingredientes diarios de mi vida son respeto a mí mismo, pensamientos felices y gratitud.

Me admiro a mí y a mi actitud de hacerme cargo. Soy fuerte.

Confío en mí y estoy listo para mi día. Me valoro.

Mi resiliencia empieza y termina conmigo. Soy fuerte y me gusta lo que veo en mí.

Sobrevivo y prospero porque elijo los ingredientes de mi vida.

Mi mente está llena de paz ahora mismo, porque este es mi momento.

Capítulo 15

CONVERSACIÓN A GRITOS CONTIGO MISMO

En el episodio 17, «The B*tch Fest» («El festival de mi*rd#s»), de mi pódcast *Coffee Self-Talk* (Un café contigo) hablo acerca de cómo algunas veces los factores estresantes se acumulan en la vida, como la presión en una olla exprés, y en algún punto debes liberar esa energía o algo explotará. En el pódcast también menciono que liberar esa energía es perfectamente aceptable y normal, además de algo seguro. Si te das un momento para ventilarte no hay por qué preocuparse de que atraigas energía negativa. Al contrario, tener una estrategia de cuándo, dónde y cómo sacar vapor es de las mejores herramientas que puedes usar para preservar tu salud y mantenerte en calma, templado y sereno en los momentos importantes. En otras palabras, para ser más fuerte que tus miedos.

Cuando cambias tu vida al variar cómo te hablas a ti mismo, obtienes el beneficio de ser realmente autoconsciente. Eso quiere decir que, si comienza a gestarse cierta ansiedad, te darás cuenta antes de que crezca y te hunda en el hoyo más oscuro.

Pero hay veces en que algo estresante escala tan rápido que, para cuando te percatas, ya estás en plena alerta roja.

Para lidiar con estos momentos, quisiera presentarte la *conversación a gritos contigo mismo*. Sí, leíste bien, a gritos.

Es una forma de diálogo interno que te ayudará a blindarte durante una emergencia o, como quien dice, *al calor del momento*. Me río al pensarlo, porque, ¿en serio, ponerte a gritar? ¡Ja!, pero yo lo hago de manera divertida cuando estoy al borde de una crisis, cuando cae esa gota que derrama el vaso y estoy a punto de perder la cordura. Esta técnica puede ayudarte a prevenir que las circunstancias te arrastren.

En situaciones así, no tienes ganas de tener un diálogo interno contigo mismo lindo y brillante. No, lo que quieres es lanzar misiles termonucleares para sentir alivio. Este guion es para esos momentos.

Entonces, ¡hagámoslo! El siguiente diálogo está en MAYÚSCULAS para recordarte que tienes que gritarlo. Las instrucciones son fáciles de seguir: gritas las palabras con tanta fuerza como quieras (y te atrevas). Tal vez agites un puño al aire y gruñas. Tal vez te salgas a gritárselo a las estrellas, o tal vez lo hagas en tu clóset, o mientras tu ruidosa licuadora está encendida, o con la almohada en la cara.

¡Que lo disfrutes! :)

Conversación a gritos contigo mismo

¡ME AMO! ¡ME AMO! ¡CON UN CARAJO, ME AMOOOOOO!

MUNDO, ¿ME ESTÁS OYENDO? ¡ESTOY VIVO Y LISTO PARA SER LIBREEEE!

¡AMO A LA VIDA Y LA VIDA ME AMA DE VUELTA!

¡MI VIDA ES MAGNÍFICA Y ESTOY EN EL CAMINO CORRECTO!

¡SOY FUERTE! ¡SOY YO MISMO!

¡SOY ÚNICO Y TENGO EL PODER DE SER REALMENTE YO!

¡CREO EN MÍ! ¡CREO EN MÍ! ¡SÍ, CREO! ¡CREER ES LA CLAVE!

¡SOY UN CHINGÓN! ¡MÍRAME CRECER!

HAGO QUE LAS COSAS SUCEDAN. SOY VALIENTE Y ESTOY LISTO PARA SEGUIR.

¡SOY ABUNDANTE! ¡PROSPERO AQUÍ Y AHORA! ¡SOLUCIONO PROBLEMAS! ¡MIREN CÓMO HAGO UNA REVERENCIA Y ESPERO LOS APLAUSOS!

SIN IMPORTAR LO QUE HAGA, ¡SALGO TRIUNFANTE! COMETO ERRORES Y TENGO FRACASOS, PERO ¡ESO TAMPOCO IMPORTA!

PORQUE SOY MI PROPIO HÉROE, ¡IMPORTO! ¡SOY CAPAZ DE ALZAR EL VUELO Y ELEVARME!

¡LA RESILIENCIA Y LAS AGALLAS SON PARTE DE MI CENTRO!

SI ESTOY TRISTE UN DÍA, ¡NO ME IMPORTA!

¡ME LEVANTO, SONRÍO Y ME ATREVO!

Capítulo 16

¿VES LO QUE YO VEO?

Uno de los aspectos más fascinantes de la vida es cómo la gente tiene percepciones muy variadas. Lo que una persona percibe como una bendición, otra lo ve como una maldición. Es extraño, ¿no? Digo, están viendo lo mismo, ¿cierto? ¡Pero así sucede con tantas cosas!

Si bien esto parece extraño y fascinante, también es poderoso. Quiere decir que hay más de una manera de ver la vida. Y lo que para una persona puede implicar un factor de angustia, para otra puede ser un tesoro.

Usemos esto a nuestro favor.

¿Cómo funciona? Es fácil, si percibes algo en tu vida como malo, quiero que de inmediato te preguntes: «¿Es posible que alguien más vea esto de manera diferente?».

La respuesta es sí, sea la situación que sea. Incluso algo tan terrible como un desastre natural. En donde muchas personas ven destrucción, otras podrían ver una oportunidad para reconstruir algo mejor que lo que había antes.

En cuanto a nuestro propósito, me refiero a cambiar tu perspectiva deliberadamente para ayudarte a mejorar en tu día a día. Usa esa pregunta para ayudarte siempre que sientas ansiedad o estrés:

¿Es posible que alguien más vea esto de manera diferente?

Por qué importa

Esta técnica es importante porque una vez que entiendes lo mucho que tu vida depende de cómo la veas, vas a descubrir que las circunstancias externas no tienen por qué controlar tanto tu felicidad.

¡Esto es liberador!

Por ejemplo, cuando mi esposo y yo estábamos ahogados en deudas, pagar las cuentas me provocaba un nudo en las entrañas por el estrés. Sin embargo, ¡mi esposo se entusiasmaba al hacerlo! Para mí esto era un recordatorio mensual de que debíamos muchísimo dinero, pero a él pagar incluso un poco le entusiasmaba, porque para él significaba *progreso.*

Piensa lo siguiente: mi amiga y yo podríamos estar formadas en una muy larga fila de la Secretaría de Movilidad. Tal vez ella se estresaría por sentir que no tenía el tiempo suficiente para esperar, pero yo lo vería como una oportunidad para respirar, relajarme y manifestar abundancia repasando mi diálogo interno mentalmente.

Imagina que un auto me corta el paso en pleno tráfico. Tal vez una persona se molestaría, e incluso se indignaría. Pero yo elijo verlo pensando en que alguien tiene prisa y tal vez haya una emergencia o quizás ni siquiera me vio. Realmente no tengo idea. Tal vez esa persona sea nefasta, tal vez no. Pero estoy más que dispuesta a darle el beneficio de la duda a un completo desconocido.

Como puedes ver, cualquier situación es lo que es, dependiendo de quién seas tú y cómo lo *veas*. En otras palabras, es como si la situación fuera neutral y tú tuvieras la opción de ponerle una etiqueta positiva o negativa, según lo que pienses.

En cada situación siempre hay múltiples puntos de vista.

En pocas palabras, tú eres responsable de cómo ves las situaciones y el significado que les atribuyes. Y si consideras algo negativo, trata de imaginar que alguien lo ve como algo positivo. Mejor aún, ¡hazlo un juego! Plantéate el desafío de preguntarte: «¿De cuántas maneras diferentes podría ver esto?», porque así es como reducimos la ansiedad hasta desvanecerla.

Así es como construimos seres más fuertes que sus miedos.

De acuerdo con mi experto en felicidad favorito, Shawn Achor, «nuestras circunstancias externas predicen tan solo aproximadamente el 10% de nuestra felicidad total».

Y luego menciona a Sonja Lyubomirsky, la líder de un estudio científico acerca del bienestar: «Ella prefiere la frase "creación o construcción de felicidad" más que la popular "búsqueda", ya que "las investigaciones arrojaron que está en nuestro poder crearla para nosotros mismos"».

Ahí lo tienes, ¡lo dice la ciencia!

Diálogos internos para ser más fuerte que tus miedos

Me encanta encontrar diferentes formas de ver las cosas. Esto hace que mi vida sea más fácil y menos estresante.

Veo la vida a través de lentes color rosa y, créeme, ¡es fabuloso!

Es hermoso encontrar el lado bueno de la vida, me encanta hacerlo.

Estoy completamente consciente de mi vida.

Creo mi propia felicidad, y esto comienza con mi mente.

Mi vida es como un cuento del tipo «crea tu propia aventura», y yo elijo la versión fuerte y feliz.

Soy capaz, soy ingenioso y me río al encaminarme hacia mi mejor vida.

Todo está bien.

Conquisto la vida con una sonrisa. Soy resiliente.

Mi felicidad depende de mí. Repito: mi felicidad depende de MÍ.

Puedo construir mi propia felicidad. Es mi derecho.

No importa lo que suceda a mi alrededor; soy fuerte y resiliente. Veo lo bueno.

Tengo un gran océano de paz dentro de mí. Ahora y siempre.

Inhala, exhala. Se siente tan bien. Inhala, exhala. Siento la calma. Inhala, exhala. Soy fuerte.

Soy un experto en ver lo mejor de la vida.

Capítulo 17

QUE TU MIEDO SEA UNA LLANTA DE REFACCIÓN

Si quieres volar, tienes que renunciar a lo que te pesa.

Roy T. Bennett

La cita da en el blanco, para mí el miedo es justo eso: es pesado, oscuro y denso. A menos que estés huyendo de un oso, LOL, entonces ese miedo puede ser útil para salvarte. Pero no estoy hablando de ese tipo de miedo, sino del que por lo general es innecesario. Ese al que te aferras como si trajeras un chaleco pesado. Es el tipo de miedo que te hace vivir en modo de alerta constante y pone tu adrenalina al mil, ¡y sin que haya un solo oso a la redonda!

Es extenuante.

¿Deberías librarte de este miedo por completo?

No vayas tan rápido…

Una llanta de refacción

A partir de ahora, quiero que veas al miedo como si fuera una llanta de refacción: *solo para emergencias.*

Esto es lo que harás con tu miedo: no dejes que vaya de copiloto, mételo a la cajuela. Siempre estará ahí cuando lo necesites, como una llanta de refacción. Pero la mayor parte del tiempo, no lo necesitarás.

Sí, a veces el miedo cumple con un propósito en tu vida: te ayuda a asegurarte de no cometer algo realmente estúpido como saltar de un precipicio o manejar a 170 km/h. Y, sí, te ayuda a huir de los osos, en caso de que te encuentres con uno muy salvaje mientras caminas por el bosque (probablemente sea un mal ejemplo, porque los osos son realmente veloces). Esas son verdaderas emergencias. Y tu llanta de refacción será perfecta para enfrentarlas.

No vas a tener una vida 100% libre de miedo, pero para mantener tu felicidad debes entender que el miedo tiene su función, es decir, prevenir que hagas verdaderas estupideces. Pero para otras cuestiones, es un peso que no tienes por qué cargar, así que suéltalo.

Diálogos internos para ser más fuerte que tus miedos

Suelto los miedos innecesarios y vivo con más ligereza, empezando hoy mismo.

Estoy relajado y en calma, y me puedo contar la historia que quiera.

Mis palabras son mi mundo. Elijo palabras que me empoderan para vivir en un mundo empoderado.

Brinco y salto porque estoy libre de miedos tontos.

Soy fuerte y capaz. Tomo mi pluma mental y escribo cómo quiero que sea mi vida. Empiezo con mis palabras.

Agradezco que pueda cambiar mi historia para que las cosas que me asustan ya no lo hagan.

¡Adiós, miedos! Ya no los necesito. Ahora soy volátil y brillante. Soy valiente.

El juego de la vida es sencillo: Yo me encargo.

Inhala y exhala. Sonrío y soy capaz. La jaula está abierta, y yo soy libre.

Tomo decisiones, y decido cambiar mi historia cuando quiera.

Puedo dejar ir lo que no aporta a mi felicidad cuando quiera.

A partir de ahora vibro alto. Esto viene de mis palabras. Escribo mi propia historia.

Mis conversaciones conmigo mismo determinan lo que atraigo, veo y hago.

Todos los días me vuelvo una mejor versión de mí mismo. No permito que nada me desanime.

Soy valiente. Tengo el corazón de un león. ¡Empiezo mi día con un rugido!

Capítulo 18

SÉ FUERTE CON LOS ÁRBOLES

Eres mucho más fuerte de lo que crees. Créeme.

SUPERMAN

Confieso que el título de este capítulo es un poco engañoso. Ahora que estás aquí, te lo puedo decir: este capítulo se trata de ejercicio.*

Pero ¡espera!

Antes de que te lo saltes, escúchame (te estoy viendo, mamá).

Para muchas personas, «haz más ejercicio» probablemente sea uno de los consejos menos atractivos para la resiliencia mental, pero, para mí, mover mi cuerpo, acelerar mi ritmo cardiaco y obligarme a hacer un esfuerzo son lo máximo. ¿Por qué?

Si lo piensas, tiene sentido. La resiliencia es cuestión de fuerza, y la fuerza viene de entrenar, ya sea que estés entrenando tu mente mediante la repetición de tus diálogos internos o que estés fortaleciendo tus brazos con repeticiones en el banco de bíceps.

---

* No soy médica, así que consulta con un profesional de la salud antes de empezar cualquier programa de acondicionamiento físico.

Pero tal vez lo que no sepas es que la fuerza mental está *conectada* con la corporal. Cuando ejercitas tu cuerpo, estás beneficiando *PROFUNDAMENTE* tu salud mental.

El ejercicio se ha estudiado desde hace mucho tiempo, y hay algo que ha quedado muy claro: tiene un gran impacto positivo en tu psique.

De acuerdo con Michael Easter, autor de *La trampa del confort* y antiguo editor de la revista *Men's Health*, con respecto a una reseña de 97 estudios que investigaron cómo el ejercicio impacta la salud mental:

> La actividad física es altamente beneficiosa para mejorar los síntomas de depresión, ansiedad y angustia en un amplio rango de poblaciones adultas, incluyendo la población general, personas a las que diagnosticaron con trastornos de salud mental y personas con enfermedades crónicas. La actividad física debería ser un enfoque fundamental en la gestión de la depresión, la ansiedad y el agotamiento psicológico.

La realidad es que, si estás pasando por momentos difíciles, salir a caminar te puede ayudar. O levantar pesas. O hacer algo extenuante, como HIIT (entrenamiento con intervalos de alta intensidad). Justo en tu momento de ansiedad puedes empezar a hacer ejercicio y así hacer añicos esa oscuridad. Tu estado mental cambia de inmediato gracias a una cascada de neurotransmisores en tu cerebro. Además, potencializa tus pensamientos y amplifica tu habilidad para lograr lo que sea que estés haciendo.

Te calma.

Te consuela.

Te hace sentir... *épico*.

El ejercicio jamás me ha fallado para intensificar mi humor y mis ánimos. Siempre desvanece mi ansiedad y estrés. Eso es seguro. Si estoy nerviosa por algo, me subo a la bicicleta fija, me tiro al piso para hacer escaladas o me pongo mi mochila con peso para correr 1 km en la pista de mi colonia.

Por qué importa

Importa porque ¡el ejercicio te cambia la vida! El ejercicio cotidiano disminuye tus experiencias de ansiedad. Te vuelves más fuerte de cuerpo y corazón, literalmente. Cuando te ejercitas con regularidad, tienes una actitud diferente frente a las situaciones. Tu cerebro responde a lo que tu cuerpo está haciendo y se adapta de formas que te vuelven más resiliente.

En otras palabras, te vuelven más fuerte que tus miedos.

Todos, y de verdad me refiero a todos (¡tú incluida, mamá!) pueden lograrlo. No es necesario estar inscrito en un gimnasio; yo ya ni siquiera pertenezco a uno. Me compré unas ligas para hacer ejercicio y un par de pesas. Caray, ni siquiera necesitas el equipo. Puedes usar la silla de tu oficina y tu propio peso corporal. Comienza con tan solo cinco minutos. Sé disciplinado y comprométete. Hazlo por el bien de tu salud mental. No hay nada como el sentimiento de respeto a ti mismo cuando te vuelves disciplinado. Eres testigo de que lo estás logrando por ti mismo y eso cambia tu propia perspectiva de ti. También, empiezas a creer que puedes lograr otras cosas, que tal vez anteriormente creías que estaban más allá de tus habilidades.

La disciplina se siente bien.

El compromiso enorgullece.

Estas cuestiones impulsan tu ánimo y reducen tu ansiedad y estrés.

Si repitieras 365 veces lo que hiciste hoy, ¿estarías donde quieres el próximo año?

KEVIN KELLY

Añade árboles

El título de este capítulo no te engañó del todo, porque aquí viene la parte de los árboles.

Fíjate en esto. Cuando te ejercitas al exterior, recibes un beneficio adicional: tu estado de ánimo mejora, sobre todo si hay muchas plantas alrededor. Se llama «ejercicio verde» y te equilibra. ¿Por qué?, porque cuando pasas tiempo afuera, tu agitación mental se calma. Los psicólogos han hecho estudios que lo demuestran; cuando hacen ejercicio verde, las personas reportan cambios mayores en su actitud y estado de ánimo.

¿Te sientes frustrado? Sal a caminar donde haya árboles y tu frustración desaparecerá.

¿Te sientes triste? Sal a caminar donde haya pájaros y tu tristeza desaparecerá.

¿Te sientes ansioso? ¡Sal!

La naturaleza en sí nos brinda un bálsamo de sanación para nuestras mentes. No hay forma de no sentirnos asombrados, curiosos, maravillados *y esperanzados* cuando estamos rodeados de árboles, flores, pájaros, agua, un gran cielo despejado y la luz del sol. Es como si las maravillas de la naturaleza ralentizaran nuestro reloj interno y abrieran la distancia entre nosotros y nuestras angustias y dificultades.

¿Y qué sucede cuando recibes eso? Tu mente se abre para que entonces proceses, planees y encuentres soluciones.

Así que, haz ejercicio. ¡Solo hazlo!

Si eres nuevo en esto de ejercitarte (o no lo has hecho en un buen rato), empieza con una caminata de dos minutos todos los días. Sí, de solo dos minutos. A partir de ahí puedes aumentar el tiempo. Esto es lo que yo hago:

- 20 segundos de saltos de tijera y 10 segundos de descanso.
- 20 segundos de correr en un mismo lugar alzando bien las rodillas y 10 segundos de descanso.
- 20 segundos de planchas y 10 segundos de descanso.
- 20 segundos de escaladas.

Hago cuatro repeticiones de esta serie. Tan solo me toma unos minutos, pero mi mente y mi cuerpo se sienten genial, *completamente diferentes* después de hacer esto. Y, encima, lo hago en mi oficina.

En la historia del mundo, probablemente nadie ha dicho después de ejercitarse: «Caray, desearía no haberlo hecho».

Sin importar qué es lo que hagas, solo haz algo. Si eres alguien que con frecuencia se siente ansioso o estresado, entonces esto tiene que ser una de las primeras cosas que deberías hacer.

Tiene que formar parte de tu cotidianeidad.

Diálogos internos para ser más fuerte que tus miedos

¿Sudor en mi rostro?, me estoy volviendo más fuerte. ¿Sudor en mis costados?, mi condición física está mejorando.

¿Sudor en mi rostro?, estoy mejorando. ¿Sudor en mi rostro?, esto me da valor.

¡Cómo me gusta ejercitarme! Potencializa mi cerebro.

Estoy determinado y entusiasmado por estar físicamente sano. ¡Yupi!

Mi cuerpo es fuerte. Mi mente es fuerte. ¡Yo soy fuerte!

Camino todos los días, llueve, truene o relampaguee, porque soy un caminante.

Al ejercitarme, mi estado de ánimo mejora y me siento superbién.

Tengo la energía para hacer ejercicio cuando quiera.

Me siento agradecido por cada oportunidad que tengo para ejercitarme.

Puedo hacer ejercicio, ¡qué afortunado soy, carajo!

¡Hagámoslo! Estoy listo.

¡Hagámoslo! ¡Veamos cuánto crezco!

Mi cuerpo es importante y merece movimiento.

Estoy emprendiendo una nueva y ardiente aventura para darle energía a mi cuerpo y a mi mente.

Ejercitarse es genial, ¡me encanta!, ¡lo merezco!

Capítulo 19

ESOS DÍAS EN LOS QUE NADA FUNCIONA

Aun con los mejores planes y consejos de autoayuda, a veces puedes tener un día fatal. Un día que nomás no da una. De esos días en los que sientes que nada funciona. Yo he tenido días así cada cierto tiempo y he descubierto que cuando esto sucede, hay dos valores que puedo emplear para ayudarme a sobrevivir al día: amor y gratitud.

Estoy segura de que estás pensando: «Sí, sí, amor y gratitud». Pero, verás, la verdadera magia está ahí. Al menos a mí me parece mágico, porque en esos días en que siento que nada funciona, enfocarme en el amor y en la gratitud transforma la trayectoria de mi día en una mejor, cuando nada más lo haría.

Ambos valores funcionan porque cambian nuestro enfoque.

Las expresiones de amor y gratitud son realmente una forma de diálogo interior y son decisivas en la receta de una vida más fuerte que tus miedos. Recurre a ellos en los peores momentos para ayudarte a aligerar cualquier carga mental que puedas tener.

En este capítulo te comparto dos de mis formas favoritas para implementar el amor y la gratitud como una luz que ilumina cualquier momento oscuro. Y lo mejor es que son fáciles de aplicar. Elige una y haz la prueba la próxima vez que lo necesites.

Tu lista de amor

La próxima vez que te sientas perdido, busca tu camino de regreso a la felicidad haciendo una lista de las cosas que amas. Hay tres maneras de hacerlo:

Saca tu diario (o cualquier pedazo de papel) y escribe 25 cosas que amas. Puede ser lo que sea, desde el café hasta tu pareja, tu gato, tu canción favorita, los sándwiches de queso y cantar en la regadera. No se trata de que todos sean impresionantes, pero eres libre de que así sean. El punto es que escribas lo que sea que amas, sin importar qué tan trivial pueda parecer, como tu bálsamo para los labios. El solo acto de escribirlas automáticamente te va a animar porque, repito, cambia tu enfoque.

Luego, mantén esta lista a la mano para que puedas leerla y renovar este sentimiento elevado siempre que quieras. Y, claro, hacer más listas todo el tiempo también es genial, aun si repites algunos de los elementos.

Si no tienes pluma y papel a la mano o no tienes ganas de escribir, pero necesitas algo que te dé ánimos, entonces mira a tu alrededor, estés donde estés, y simplemente nombra las cosas que ves y que amas. Tal vez estés en tu oficina, en el parque, o en el consultorio de tu dentista. Solo mira alrededor y encuentra aquello que te guste del ambiente. Tal vez sea el color de las paredes o los zapatos que traes. Ve cuántos elementos puedes encontrar.

Si no estás en un ambiente en el que puedas escribir una lista o mirar alrededor, entonces cierra los ojos y piensa en lo que ames (¡no lo hagas mientras manejas, claro!, ni mientras luchas con un cocodrilo o malabareas motosierras). Tal como dije antes, empieza a hacer una lista mental de lo que amas, desde ropa cómoda y personas amables hasta tocino.

De nuevo, no importa qué, solo piensa en que las amas y cambiarás tu energía; al menos te sentirás un poco mejor, pero lo más probable es que, más bien, te sientas *muchísimo* mejor.

Cien pasos de agradecimiento

Hace años que escuché esta idea, aunque no recuerdo dónde, pero es muy efectiva para ayudar a hacer a un lado mis pensamientos ansiosos, aunque sea por un rato. La idea es repetir un mantra sencillo mientras te calmas y te relajas. Este ejercicio implica repetición tanto en tus pies como en tus palabras.

Donde sea que pases mucho tiempo, busca la manera de caminar cien pasos. Puede ser en las escaleras de tu casa u oficina. Pueden ser pasos en tu patio trasero. Encuentra un sendero de cien pasos que puedas usar sin tener que contar tus pasos al hacer el ejercicio. En mi caso, encontré uno en mi casa: 25 pasos de mi sala a la cocina, que repito cuatro veces para sumar cien pasos.

Luego, con cada paso susurro en voz alta: «Gracias».

Eso es todo. No tienes que pensar en tus problemas, ni intentar encontrar soluciones. Solo repite «Gracias» cien veces, una con cada paso. Deja que tu mente se quede completamente en blanco (tan solo esto ya se siente increíble). Y cuando incluyes el movimiento de tus pies, tu energía se activa, lo cual te ayuda a salir del momento oscuro. Este ejercicio hace maravillas para reiniciar tu mente, o para calmarte en medio de la tempestad cuando necesitas un momento de serenidad.

Diálogos internos para ser más fuerte que tus miedos

Gracias por mi corazón latente.

Amo mi mente.

Amo hacer caminatas para calmar mi alma.

Gracias por la habilidad de controlar mi mente.

Amo usar palabras que iluminen mi mundo.

Me siento muy agradecido de estar vivo, aquí y ahora.

Amo tener paz mental.

Gracias por la comida, el agua, el refugio, el aire limpio y los abrazos.

Amo encontrar el lado bueno de las dificultades. Es mi superpoder.

Gracias por la persona en la que me estoy transformando.

Amo mi cerebro y mi cuerpo.

Gracias por todo.

Amo vivir feliz y alegre. Amo las sonrisas y el gozo.

Aprecio mis esfuerzos y doy gracias por mi fuerza mejorada.

Capítulo 20

JUEGA A DISFRAZAR LA ANSIEDAD

La mente tiene su propio lugar y en sí misma
puede formar un paraíso del infierno
o un infierno del paraíso.

JOHN MILTON

Hay una locura que puedes hacer con la ansiedad para calmarla, ¡incluso la ciencia la respalda! Se trata de tomarla y «disfrazarla». Por ejemplo, le pones un moño rosa, o tal vez le haces un peinado bonito.

No estoy diciendo que *tú* te disfraces, no; estás disfrazando a la ansiedad. ¡Estás cambiando la forma en que se ve!

En jerga psicológica, estás «redefiniendo» a la ansiedad. En la jerga de Kristen, estás jugando a disfrazarla, para que parezca «otra cosa». ¿En qué la estás disfrazando? ¡En entusiasmo!

Sí, estás tomando eso que crees que te provoca ansiedad y lo estás disfrazando de entusiasmo.

No lo descartes, haz la prueba. Sé que es una locura, pero funciona.

¿Cómo es que ayuda?

Al redefinir la ansiedad como entusiasmo, cambias el impacto que tiene en ti. Las investigaciones han arrojado que decirte que la ansiedad que sientes es, de hecho, entusiasmo reduce el estrés que te provoca y te vuelve más resiliente. ¡Guau!

Según el *Journal of Experimental Psychology:* «Los individuos que reevalúan su excitación ansiosa como entusiasmo se sienten más animados y su desempeño mejora».

De esta forma, no tienes que lanzar la ansiedad por la ventana; tampoco tienes que dejarte arrastrar por ella todo el tiempo. En muchas ocasiones puedes transformarla con un simple pensamiento: ¡entusiasmo!, de tal modo que te estrese menos.

¿Por qué funciona? Porque fisiológicamente, el estrés y la ansiedad son muy similares: aceleración del ritmo cardiaco, respiración acelerada, etc., pero una de ellas es incómoda, mientras que el otro es placentero. Tan solo con renombrar el sabor dañino como algo gozoso, cambias su significado, de hecho, lo hace más sano, puesto que reduce el cortisol en tu sangre y elimina las asociaciones emocionales negativas.

Todo mejora. ¿Cómo disfrazas tu ansiedad? ¡Con diálogos internos!

Como dice el artículo citado:

> Los individuos que pueden reevaluar la ansiedad como entusiasmo usando estrategias mínimas, como diálogos internos (por ejemplo, diciendo «estoy entusiasmado» en voz alta) o mensajes sencillos (como «entusiásmate») que los lleven a sentirse más emocionados, a adoptar una men-

talidad de oportunidad (en contraste con una mentalidad amenazante) y a mejorar su desempeño consecuente.

En otras palabras, cuando te sientas ansioso, solo di: «¡Estoy entusiasmado!».

¡Eso es todo!

Tipo, ¡guau! Oye, estamos en muy buena compañía con nuestros diálogos internos. Los expertos en salud mental saben que esto realmente funciona. ¿No es genial que podemos usar las conversaciones con nosotros mismos para redefinir una situación, para cambiarla de ansiosa a entusiasta solo con *palabras?*

El cerebro humano es asombroso.

Ahora, una breve advertencia: no estoy diciendo que esto te ayude cada vez que te sientas ansioso, pero definitivamente es útil tenerlo en tu caja de herramientas para usarlo en *muchas* situaciones de ansiedad. Por ejemplo, si te genera ansiedad recurrir a un amigo por algo malo o triste, no estoy diciendo que si te dices a ti mismo que eso te entusiasma, sería muy apropiado o que funcionaría.

¡Pero sí te puede ayudar de muchas otras maneras!

Digamos que pedirle un aumento de sueldo a tu jefe te pone nervioso. Es completamente apropiado ponerle un moño rosa a la ansiedad.

¿Un examen se acerca?, no lo veas como factor de ansiedad, en vez de eso, habla contigo mismo diciéndote que te entusiasma un montón. Ponle un moño. Comparte esta estrategia con tus hijos.

¿Tienes que hacer una presentación?, ¿una entrevista?, ¿tienes que abogar por ti debido a algo?, ¿tienes que hacer una llamada al área de servicio al cliente de una empresa porque tuviste un problema? Todas estas son excelentes oportunidades para ponerle un poderoso y enorme moño rosa a la ansiedad y convertirla en entusiasmo.

¡Qué emoción me da hacer esta presentación!

¡Estoy entusiasmado por hacer el examen!

¿Ves lo fácil que es? Solo habla contigo mismo, di que esto te entusiasma y mira lo que sucede.

La vez que convertí mi ansiedad en entusiasmo

Ya lo he hecho varias veces, esto de disfrazar a mi ansiedad para que parezca entusiasmo. Lo hice hace como un año, la primera vez que fui a surfear.

¿Surfear?

Cuando digo *surfear,* ¿qué es lo primero en lo que piensas? No sé tú, pero yo pienso en tiburones. Y si los tiburones no te asustan, bueno, ni siquiera necesitas este libro, porque seguramente ya eres más fuerte que tus miedos.

La gente normal no quiere morir a mordidas.

Basta con decir que la idea de surfear me aterraba. Tenía los nervios a flor de piel. Sin embargo, mi esposo quería surfear mejor y mi hija quería aprender. Un día tuvimos la oportunidad de intentarlo en un convivio de su escuela.

Sabía que yo podía actuar como una gallina y no hacer nada más que verlos surfear desde la comodidad de mi toalla en la playa, o bien, ser la mujer fuerte que intenta cosas nuevas. Decidí ser fuerte e intentarlo.

Pero una vez que opté por ello, mis nervios se alocaron. Me sentía muy ansiosa, y mientras más se acercaba el día, más crecía mi ansiedad. ¿Qué fue lo que hice? ¡Tuve una conversación conmigo misma, claro!

Verás, estadísticamente los ataques de tiburones contra surfistas son increíblemente poco frecuentes. Es un millón de veces más probable que mueras de camino a la playa en un accidente automovilístico. Y, sin embargo, viajamos en auto todos los días, ¿cierto? ¡Y sin miedo! Así que el miedo a los tiburones realmente no era racional, solo estaba en mi cabeza.

Así que escribí varias frases positivas para mis diálogos internos sobre surfear; por ejemplo, lo divertido y emocionante que podría ser, que conectaría con la naturaleza y que desarrollaría una genial habilidad nueva. Luego leí este «guion para surfear» de afirmaciones cada mañana mientras me tomaba mi café (eso es un diálogo interno *cafeínico*).

Cada día, mientras leía estas afirmaciones, me sentí mejor y fortalecida para vencer mi miedo. Me atrevería a decir que empecé a sentirme un poco entusiasmada. Aunque, qué curioso, en esos momentos no estaba etiquetando a mi ansiedad como entusiasmo, solo estaba *imaginando cosas emocionantes* como resultado de visualizar mi futura experiencia surfeando.

Pero entonces todo se empezó a derrumbar.

La mañana de nuestra aventura comenzó genial y yo me sentía vigorizada. Hasta que nos subimos al auto y arrancamos hacia la playa. Mientras más nos acercábamos, más crecía mi ansiedad en lo profundo, hasta que mi corazón se aceleró y me costó trabajo respirar.

Nos estacionamos y miré hacia el océano, bastante agitado, e imaginé que me tragaría. En mi mente empecé a escuchar la música de la película *Tiburón*, lo cual nunca es buena señal.

Pero entonces sucedió algo increíble. Vi a nuestro grupo y mientras nos acercábamos, observé el entusiasmo de todos ellos por surfear. Para la mayoría también era su primera vez y muchos de ellos eran padres de familia, como yo. Pero, espera, ¿estaban emocionados?, ¿estaban sonriendo? ¿Por qué se estaban poniendo sus trajes de neopreno con tanto entusiasmo?

En ese momento recordé el poder del entusiasmo y me vino a la mente la idea de redefinir mi ansiedad. Así que lo hice, tan sencillo como eso. Empecé a decirme lo emocionante que era surfear y que mi taquicardia y respiración entrecortada no se debían a mis nervios, sino a mi gran emoción por meterme al agua y surfear. Me repetí este mantra:

> *Surfear me emociona un montón. Surfear me emociona un montón. Surfear me emociona un montón.*

¿Y qué crees que pasó? Mi energía y mis emociones cambiaron dentro de mí y mi miedo cedió.

Intenté surfear. ¡Y fue una experiencia increíble! Estaba orgullosa de mí misma, y me alegró mucho haberlo hecho.

Una toma de cerca

Una razón por la que redefinir algo resulta tan útil es que la palabra *ansiedad* en sí hace que te enfoques en resultados negativos. Y esto disminuye tu confianza en ti mismo. Si dices que estás ansioso por algo, puede generar un resultado negativo, algo así como una profecía autocumplida. Pero puedes darle la vuelta muy fácilmente. Lo opuesto sucede cuando usas la palabra *entusiasmo*. Cuando te dices que estás entusiasmado, ves en los eventos por venir el potencial de un resultado positivo. Y esto también se vuelve una profecía autocumplida, lo cual te ayuda a desempeñarte mejor.

Diálogos internos para ser más fuerte que tus miedos

Controlo mi mente con palabras sencillas.

Con mucha facilidad convierto los momentos ansiosos en momentos emocionantes.

Soy inteligente, capaz y calmado. ¡Los retos me emocionan!

Tengo más confianza que miedo. Reduzco la ansiedad con mi buen ánimo.

Estoy enfocado y elijo mis palabras sabiamente. Todo está bien.

Mi vida es de lo más emocionante. Me siento agradecido por esto.

Soy poderoso con mis palabras. Tomo las riendas de mi vida.

Me encanta hacer cosas emocionantes, es divertido. Soy afortunado.

Los desafíos me ayudan a crecer y esto me encanta. Tengo mucha suerte.

Soy asombroso, extraordinario y un visionario. Estoy orgulloso de mí.

Mis pensamientos son energía y ellos dirigen mi vida.

Conozco la magia de mi subconsciente. Hace caso a todo lo que le digo.

Creo en mí. Puedo hacer lo que mi asombrosa, inteligente y hermosa mente quiera.

Mi vida épica está aquí, esperándome. Hola, qué tal, vida increíble. ¡Estoy listo para ti!

Elijo diversión, emoción y aventuras alegres. Elijo sonrisas y paz mental.

Capítulo 21

UN INCREÍBLE REGULADOR DEL ESTADO DE ÁNIMO

Existe esta hormona «feliz» que nuestros cuerpos secretan y que nos hace sentir superbién, y que es genial para ayudarnos a regular nuestro estado de ánimo. Se llama *serotonina.*

Tal vez hayas oído hablar de ella. Hace un montón de cosas buenas por nosotros, pero se le conoce ampliamente gracias a su labor para hacerte sentir bien contigo mismo y para impulsar tu autoestima; ambos beneficios reducen el estrés y la ansiedad.

¿Te ha pasado que haces algo bien y sientes la necesidad de presumir? Esa es la serotonina recorriéndote el cuerpo. ¿O aquella vez en que te ganaste un premio? ¿O cuando te graduaste de la secundaria o cruzaste la línea de meta en una carrera, o te sacaste diez en un examen, o te promovieron en tu trabajo? Cuando nos sentimos orgullosos por haber logrado algo, ese increíble y positivo sentimiento viene de la serotonina.

Obvio, amamos la serotonina y queremos encontrar maneras de asegurar que haya suficiente recorriéndonos por dentro.

Pero quizás lo que no sepas es que la serotonina también se conoce por ser un químico «social». Por lo tanto, juega un poderoso papel en nuestra vida para generar orgullo, lealtad y estatus. Y, si lo piensas, estos tres factores juegan un papel en las redes sociales. Una de las razones por las que son tan adictivas es que a veces nos dan un subidón de serotonina.

Quizás estés pensando: «¡Genial!, debería pasar más tiempo en redes sociales». No tan rápido… Porque esto, de hecho, puede ser un problema.

No soy tan fan de las redes sociales, principalmente porque se pueden volver un caldero tóxico de *comparativitis* y crear una necesidad adictiva de validación externa constante. Si no tienes cuidado, esto puede dañar seriamente tu autoestima, además de estresarte.

Entonces, aunque la serotonina se siente bien, puedes meterte en problemas tratándose de las redes sociales. Cada vez que nos dan «me gusta» sentimos orgullo y validación, y tal vez a veces un sentimiento de lealtad. Pero ¿nos detenemos ahí? No, volvemos por más; siempre estamos buscando ese subidón de serotonina, pero el problema viene cuando *nos volvemos dependientes* de esto. Y eso es perjudicial.

Ahora bien, no estoy diciendo que este siempre sea el caso para todo mundo, pero ciertamente implica un riesgo para muchos, incluyendo a tu servidora. Y las compañías de las redes sociales lo saben, también lo explotan de todas las maneras posibles y tratan de maximizar lo que llaman «involucramiento», porque eso potencializa las ventas de publicidad y el precio de sus acciones. Esto es terrible, la verdad, y se considera que contribuye ampliamente al incremento que hemos visto en depresión y suicidio adolescente, por ejemplo.

En resumen, las plataformas de redes sociales están diseñadas para que te vuelvas adicto a ellas.

Cuando la gente da *likes* a una publicación tuya en redes sociales, te sientes respetado (y eso significa que la serotonina está haciendo lo suyo). Y aunque buscar estatus puede ser problemático si no estamos conscientes de eso, es un comportamiento humano primario: hemos evolucionado para buscarlo. De acuerdo con la doctora Loretta Breuning, incluso los monos disfrutan alentarse unos a otros porque les estimula la producción de serotonina. Es curioso imaginarlo, monos que buscan estatus… pero básicamente eso es lo que somos. Esto forma parte de nuestro sistema.

En pocas palabras, nuestro cerebro nos recompensa cuando avanzamos socialmente, porque cree que así aumentarán nuestras probabilidades de sobrevivir. Y, en muchas formas, esto es cierto.

Entonces, traigo a colación la serotonina por dos razones:

1. La serotonina es benéfica para nuestro bienestar mental. Y si sufres de ansiedad o estrés, te brindará alivio y te hará sentir genial.
2. Este libro pretende desarrollar tu resiliencia y ayudarte a lidiar mejor con el estrés y la ansiedad, así que es la herramienta perfecta para hablar de hacer a un lado las redes sociales o al menos restringirlas drásticamente.

Cuando dejé de usar las redes sociales, mi salud mental se disparó. Es verdad, las redes sociales *sí* pueden servir a nuestro favor, *cuando se usan apropiadamente.* Y esto es crucial. Si te descuidas y dejas de poner atención, cuando menos lo esperes estas se pueden volver un amo malvado y seductivo que te esclavizará y te hará sentir mucho peor, sobre todo si sufres de ansiedad o estrés.

Entonces, ¿qué hacemos?

Yo te aconsejo que limites tu uso de redes sociales y encuentres otras maneras de producir serotonina. Eso es lo que yo hago. Eso no quiere decir que tengas que ignorar todas tus ganas de buscar estatus social, pero cuando te dejas llevar por la vida en línea debes estar consciente de que hay maneras más sanas de encontrar estatus, o satisfacción, o conexión.

Para empezar, deja de buscar estatus de parte de extraños o grupos grandes. En vez de eso, comparte tus logros con tus amigos, idealmente en persona, cara a cara. O si no, a través de videollamadas, una llamada telefónica, mensajes de texto, etcétera.

Incluso puedes reducir tu necesidad de estatus. Es cierto que forma parte de nuestro sistema, pero esta necesidad disminuye conforme aumenta tu autoestima. Es posible satisfacerla de maneras sencillas; por ejemplo, teniendo experiencias agradables con amigos o familiares, o incluso basta con que alguien te sonría o salude, o que un vecino te desee un buen día mientras te cruzas con él al caminar. No estamos diseñados para necesitar *likes* o seguidores en una *app*. En absoluto. Esto no es para nada indispensable para sentirte bien. Solo necesitamos experiencias sociales positivas.

También hay actividades no sociales con las que puedes activar tu serotonina. Como cuando te sientes orgulloso por haber logrado algo. ¿Acaso hay un placer más simple que el que surge cuando sacas del horno un pastel o una barra de pan de masa madre que tú elaboraste? ¡Es el paraíso!

Tras años de andar de aquí para allá, mi esposo y yo compramos una casa, después de eso, él decidió embarcarse en un proyecto gradual de convertir el sótano en un gimnasio casero junto con un estudio para hacer arte o desarrollar proyectos, y la cochera en un taller de madera y metal. Estima que le tomará años realizar esta grandiosa visión, pero no le importa. Cada pequeño paso para lograrlo le brinda inmensa satisfacción; un poco de sellador aquí, otro poco de pintura allá... *gotas de serotonina*. Y cuando da un paso mayor siente una *gran, gran satisfacción*, como colgar estantes, acomodar las herramientas en el tablero de clavijas, construir la mesa de trabajo de sus sueños.

Él disfruta muchísimo todo eso, tanto que ahora pasa la mayor parte de su tiempo libre lejos de actividades que tengan que ver con sentarse frente a un escritorio para dedicarse a actividades que impliquen movimiento y trabajo con las manos. ¡Imagina todos los beneficios de hacer esto a largo plazo! Pero, además, con cada carga de trabajo satisfactorio, él obtiene *gota tras gota tras gota* de serotonina.

Esto me parece especialmente poderoso cuando paso la aspiradora en la casa o lavo los pisos. Tal vez suene tonto, y limpiar no es mi actividad favorita, pero sé que necesito hacerlo. Así que, cuando lo hago, me enorgullezco de mí y me siento bien.

Lo mismo pasa con el entrenamiento. A veces no tengo ganas de hacerlo, pero siempre me siento bien cuando termino, y no solo se debe a las endorfinas analgésicas (LOL!), porque la mayoría de las veces ni siquiera me ejercito tanto como para secretarlas. Pero sí me siento orgullosa por dentro después de ejercitarme, porque sé que necesito hacerlo y que estoy haciendo algo bueno por mí, en vez de acostarme como un costal de huesos en el sillón.

Hay otras actividades que te pueden enorgullecer:

- Arma un rompecabezas.
- Empieza un pasatiempo nuevo.
- Desarrolla una habilidad nueva.

Todas estas son actividades que nos hacen sentir orgullo, el cual elevará nuestro estado de ánimo, nos hará más felices y menos ansiosos, y disminuirá nuestro estrés por mucho. No se trata nada más de que colorear u hornear te relajen, el punto es que este tipo de actividades estimulan los químicos en nuestro cerebro que nos hacen sentir bien gracias a la sensación de haber logrado algo.

Otro truco es regresar a tu pasado y repetir lo que te ha funcionado. Enfócate en tus logros. Repasa aquellas ocasiones en las que te sentiste orgulloso de haber realizado algo y busca la manera de repetirlo.

En mi caso, recuerdo una vez que conducía de vuelta a casa después de haber terminado de grabar el audiolibro de *Un café contigo*. Mi editorial rentó un gran estudio y contrató a un ingeniero de sonido y a un director fabulosos. Juntos creamos un producto increíble, y mientras conducía a casa después del último día de grabación, me encontraba en tal éxtasis de serotonina que cualquiera hubiera pensado que había consumido drogas. Me sentía taaaaaaan bien... Mi sonrisa era muy grande, mis ojos estaban muy abiertos y me sentía como un diamante deslumbrante, echando chispas de felicidad.

Eso no quiere decir que deba grabar otro audiolibro para volver a experimentar ese dulce éxtasis de serotonina, pero es un poderoso recordatorio de que *hacer las cosas bien nos brinda una fabulosa sensación.*

Entonces, arremángate y dale a ese proyecto que lleva meses en tu lista de pendientes. O éntrale a un pasatiempo y esfuérzate en él para que lo domines. Échale ganas para hacer un buen trabajo. O, en vez de optar por echarte en el sillón cada tarde, haz algo productivo que te provoque un sentimiento de orgullo por haberlo logrado.

Estas cuestiones nos ayudan a aplastar al bicho de la ansiedad e incrementar tu resiliencia.

Y nunca, jamás, te enfoques demasiado en tus pérdidas o errores, porque eso disminuye la serotonina. Evalúa y aprende de ellos, pero sigue adelante. No sobrepienses en eso. No te obsesiones. Mejor enfócate en tus ganancias, y planea siempre cómo repetirlas.

Diálogos internos para ser más fuerte que tus miedos

Me enfoco en mis logros.

Me siento orgulloso de mi trabajo.

Elijo trabajar bien. Me esfuerzo y esto me hace sentir genial.

Soy concienzudo. Soy consciente. Soy confiable.

Me siento bien al lograr mis metas. Me encanta emprender proyectos pequeños y divertidos.

Me encanta planear un día de trabajo inteligente y bien hecho.

Cuando quiero hacer algo, lo planeo y cumplo mi sueño.

Estoy enfocado y soy fabuloso. Soy brillante y bondadoso.

Mi mentalidad positiva me empodera para desempeñarme en los niveles más altos.

Soy capaz. Creo en mí. Estoy en paz. Soy valioso.

Me elevo hasta la magnificencia. Me siento honrado de ser yo.

Me doy un abrazo y siento el asombro de reconocer que soy impresionante.

Extiendo el amor por todo el mundo mediante pensamientos bondadosos acerca de mí y de los demás.

Merezco una vida maravillosa, en paz y feliz. Todos la merecemos.

Deseo que todo mundo se sienta empoderado de amor y bondad.

Capítulo 22

RESILIENCIA ANTE CUALQUIER RECHAZO

El rechazo puede ser una protección de Dios.

KATY PERRY, EN SU CANCIÓN «SMILE»

El rechazo no es algo que la mayoría de nosotros disfrutemos. De hecho, sospecho que la mayoría quisiera evitarlo a toda costa.

¿Por qué? ¿Por qué tenemos tanta aversión al rechazo? Claro, porque no queremos que nos digan que no. Eso puede herir nuestros sentimientos. Puede hacer que cuestionemos nuestro valor. Algunos vemos el rechazo como un enorme desastre.

El rechazo, o incluso la idea de él, puede generarnos estrés y ansiedad y volvernos unos gatitos asustadizos, con miedo hasta de intentar cualquier cosa que pueda resultar en rechazo. Por ejemplo, invitar a alguien a salir, presentar una entrevista de trabajo, pedir un aumento, enviar un manuscrito a una editorial o hacer un examen de admisión en la universidad.

Y ahí está el problema: cuando nos da miedo el rechazo, nos alejamos del riesgo ¡y también de la oportunidad! Nos escondemos en las sombras. Y nuestra vida se vuelve menos vivaz. En serio, eso hace que la vida sea más aburrida.

Como dijo Wayne Gretzky: «Te pierdes el 100% de las oportunidades que no tomas».

O, como dice mi mamá: «Si lanzas suficiente mierda contra la pared, algo de ella se quedará pegado».

Bueno, si no estás lanzando suficiente mierda ni estás aceptando riesgos, entonces no estás viviendo una vida acorde con tu potencial. Y esa es una manera muy sencilla de dejar que el estrés permee tu vida.

Pero tengo unos consejos para ayudarte a procesar el rechazo como todo un campeón. Con ellos serás capaz de arriesgarte más, lograr más objetivos, reducir tu ansiedad y elevar tu resiliencia.

Consejo #1

Lo primero que hay que hacer es estar dispuesto a aceptar el riesgo de que te rechacen. Sí, ya sé, eso es como física espacial. Y sé que se es más fácil decirlo que hacerlo, pero, mira... mientras más riesgos tomas *y te rechazan*, más fácil es levantarte y volver a intentarlo una y otra vez. Porque el rechazo ya no te molestará tanto. Te vuelves menos susceptible a él.

¿Sabías que cuando Babe Ruth rompió el récord de más jonrones también rompió el récord en poncharse? Esto fue porque siempre intentaba lanzar la pelota más allá de la barda. Pero el mundo solo recuerda los jonrones.

Hay un dicho: el leopardo siempre caza. ¿Eso qué significa? Pues que caza… aun cuando no tiene hambre. ¿Por qué?, porque solo tendrá éxito el 14% del tiempo. Para cuando atrape a su presa, probablemente estará hambriento. Esto quiere decir que cuando vea algo, irá tras ello. Por reflejo.

Hay un corolario en ventas. Los grandes vendedores siempre están vendiendo, lanzando propuestas, haciendo llamadas y demás. Saben que tal vez tengan éxito solo el 10% del tiempo, pero no les importa, simplemente siguen llamando. En vez de sentir que la negativa es un fracaso, lo ven como un éxito a medias, porque en promedio saben que tendrán que recibir nueve negativas antes de que alguien compre. Son solo cifras. Nunca es personal. Si quieren mejorar, trabajan en cambiar ese promedio del 10 al 12 o al 15%, incluso al 20%. Pero nunca esperan que sea el 100 por ciento.

Y aunque no trabajes en ventas, la vida es así. Los porcentajes dependerán de lo que estás intentando, pero sigue siendo un juego de cifras. Así que, sé un leopardo y salta a la vida sin miedo al fracaso. El único verdadero fracaso es no intentarlo.

Consejo #2

Aprende a *descatastrofizar* el rechazo en tu mente.

Enséñate que el rechazo nunca es el fin del mundo. No es un desastre, solo es como cualquier otra cosa. De hecho, puedes verlo como lo opuesto al desastre; ese rechazo puede incluso significar que algo mejor está por venir. Tal como dice la letra de la canción de Katy Perry que cité al inicio de este capítulo: «El rechazo puede ser una protección de Dios».

Ahora, puedo entender que cuando estás desarrollando tu músculo del rechazo, te sientas fatal cuando suceda. Lo entiendo. Pero también tengo consejos para esto. De acuerdo con el autor *bestseller* Daniel Pink, una excelente manera de navegar a través del rechazo es *cómo te lo explicas a ti mismo*.

¿Te suena familiar? ¡Debería!, porque en el capítulo 10 hablamos de cómo tu estilo explicativo influye en tu felicidad cuando algo no sale bien. Y el rechazo es un ejemplo de eso. Quiero decir que puedes procesar mejor los rechazos cuando te los explicas de una manera especial.

Y es que, si puedes entrenar a tu cerebro para no temer el rechazo, estarás incrementando tu resiliencia a montones. Y si dejas de sentirte mal cuando te rechacen, entonces serás más feliz y tendrás menos estrés. ¡Jaque mate!

Esto es lo que Daniel Pink dice acerca de *descatastrofizar* el rechazo y cambiar cómo te lo explicas a ti mismo. Recuerda las tres *P*:

- **Personal.** No veas al fracaso como algo personal. Esta es una de las ocasiones en que puedes decir «No soy yo, eres tú». Porque, mira, en muchos casos, realmente no se trata de ti, simplemente no te queda. Si una universidad de élite decide no admitirte, con frecuencia no tiene que ver con si creen o no que lo lograrás, sino por cuestiones absurdas como que necesitan a personas que toquen la viola para la orquestra; porque no todos tocan la viola (este es un ejemplo de la vida real, por ello te doy un consejo profesional: aprende a tocar la viola, estudia en Harvard, conviértete en presidente de Estados Unidos).

- **Penetrante.** Acuérdate que no te van a rechazar el 100% del tiempo en cada cuestión de tu vida. Indaga en tu pasado y recuerda algunos de tus logros, porque seguramente hay veces en que tuviste éxito. Tal vez olvidaste lo bien que se sintió en ese momento, porque lo más normal es que normalices el éxito y sigas adelante. Entonces, si alguna vez experimentas rechazo, solo acuérdate de que no sucederá siempre.
- **Permanente.** Reconoce que el rechazo *no es permanente*. Eso no quiere decir que no te vayan a rechazar en tu siguiente intento, o el posterior. No hay nada grabado en piedra, no hay forma de moldear tu vida dentro de un camino que no pueda cambiarse. La vida es flexible y el mundo siempre está cambiando. Un rechazo no es el acabose, solo es lo que sucedió antes del siguiente paso. No arruinará tu vida, aun si en ese momento se siente así. La mayoría de las cosas simplemente no son así.

Consejo #3

Por último, pero no por eso menos importante: **sé amable contigo mismo.**

Sé tu propio porrista y date unas palmaditas en la espalda por haberlo intentado, porque todo tiene que ver con *que lo intentes*. Ahí es donde está el verdadero fuego de la vida. La gente que se atreve a enfrentar sus desafíos son los que crean olas en este mundo; son quienes salen a la vida y toman riesgos; son los que se caen siete veces y se levantan ocho.

¡Esa soy yo! ¡Ese eres tú!

Cuando el rechazo suceda, cuéntate una buena historia al respecto y aprende de él. Luego, sacúdete la mugre y súbete de nuevo a tu caballo.

¡Nuevas y emocionantes direcciones!

Alguna vez un agente me rechazó el manuscrito de un libro que me interesaba mostrarle a las editoriales. No disfruté que me rechazaran, de hecho, fue horrible, pero, como le dije a mi hija ese mismo día: «Ese rechazo no me define. Lo que me define es cómo reacciono ante ese rechazo».

He ahí el punto.

La forma en que reaccioné a ese rechazo determinaría mi camino en la vida, y jamás me gustaría elegir una mentalidad derrotista. Deveras que no.

Claro que al principio el rechazo se siente como un golpe en el estómago. Y tal vez así se sea por un buen rato, a menos que hagas algo acerca de los pensamientos que derive. ¡Toma el control de ellos!

Responde al rechazo como una persona más fuerte que sus miedos. Y cuando lo hagas, cambiarás la manera en que te hacen sentir los pensamientos.

Porque, ¿realmente sabes qué es el rechazo una vez que quitas a tu ego de la ecuación?

Es una *nueva dirección.* Me encanta el dicho: «El rechazo es un cambio de dirección de Dios». ¡Es verdad! Cuando una puerta se cierra, otra se abre. Estás en un camino nuevo, y quizás sea uno mejor. Gracias, mundo; en esta ocasión, ¡decidieron por ti!

Así que, si experimentas un rechazo, respira. Yo me distraigo un momento para demostrarle a mi cerebro que no tengo que obsesionarme con el rechazo, porque eso no me define. Es solo un evento pasajero, tal como otros miles de eventos. De esta manera, no me involucro de más y solo voy a lo que sigue, miro hacia adelante, siempre con emoción y nunca enfocada en el retrovisor.

Porque, al final, adivina qué, no es realmente un rechazo, sino una *guía*. Es un empujoncito hacia otro camino. Es una nueva dirección.

Hacer esta diferencia es importante, porque cambia los *sentimientos* dentro de ti. Si tu mente permanece abierta y te mantienes optimista, cualquier retortijón permanente cede rápidamente, y tú, mi fuerte y adorable amigo, montas de nuevo a tu Pegaso y vuelas, vuelas, vuelas...

... hacia las situaciones que están destinadas a ser.

Diálogos internos para ser más fuerte que tus miedos

Salgo a la vida e intento cosas nuevas. El rechazo no me detiene.

Si una puerta se cierra, siempre hay otra que se abre.

Mi lema es: «Es esto o algo mejor». ¡Arriba y adelante siempre!

El rechazo significa un nuevo viaje en la vida. Me emociona la aventura. Comienzo a hacer actividades nuevas de inmediato.

Me siento agradecido por cómo el rechazo me facilita tomar decisiones. ¡Gracias, rechazo! ¡Muchas gracias!

Subo al ring. *Tomo el riesgo. Si me rechazan, me yergo, fuerte y orgulloso, y sigo adelante.*

Soy fuerte de corazón, soy fuerte de mente. La resiliencia es mi ADN.

Respiro profundamente y voy por lo que sea. Me paro con la cabeza en alto y sigo adelante.

Amo mi vida y la vida me ama. Soy un campeón. Estoy aquí para vivir mi mejor vida.

Soy positivo y la magia sucede en mi vida. ¡Voy por lo que quiero!

No tengo miedo al rechazo. Si sucede, navego a través de él con tranquilidad.

El rechazo es parte de la vida. Cada uno es una oportunidad para reinventarme hasta ser mi mejor y más inteligente versión.

Soy resiliente. Tomo impulso y vuelo.

Me arriesgo porque soy valiente y estoy lleno de amor por mí mismo.

Merezco sueños atrevidos, impresionantes, audaces e increíbles. Les doy la bienvenida con los brazos abiertos.

Capítulo 23

EL CAZADOR DEL MAL HUMOR DE ARNOLD

Estoy suscrita al boletín del mismísimo Mr. Olympia, Arnold Schwarzenegger.* En él, brinda consejos y motivación para mantener la salud y la condición física. Yo misma soy una exfisicoculturista, y por ello me encanta conocer nuevas formas de entrenamiento, y este tipo es tan fuerte y musculoso, aun después de tantos años, que me inspira un montón.

Sin embargo, a veces él incluye historias inspiradoras acerca de salud mental. En este capítulo voy a compartir una que contó en uno de sus boletines. La llamó «El cazador del mal humor».

El cazador del mal humor

Arnold escribió sobre un día reciente en que estaba haciendo sus tareas matutinas cuando se sintió un poco deprimido. Dijo que no se sentía bien, pero que eso lo confundía porque no tenía

* De verdad me gusta el boletín de Arnold. Te puedes suscribir en <https://sparklp.co/f2f4e802/>.

ninguna razón para sentirse así. De modo que, en vez de pasar su tiempo pensando en estar mal, o en el hecho de que estaba triste, *decidió ocuparse.*

No dejó que su cerebro le diera vueltas y decidió seguir su rutina y enfocarse en los pasos de las tareas que estaba haciendo. *Se ocupó.* Él mencionó que al hacer esto se sintió un poco mejor, lo cual era genial porque cualquier mejoría era bienvenida. Dijo que una vez que empiezas a moverte en la dirección adecuada, es más fácil continuar.

Así que eso fue lo que hizo: continuó. Se siguió ocupando. Una vez que terminó sus tareas, tomó su bicicleta y se ejercitó en el gimnasio. Para cuando llegó la hora del desayuno, su día parecía haber pasado de una televisión en blanco y negro a una de color. Volvió a sentirse él mismo. Dijo que nunca entendió por qué se sintió bajoneado ese día por la mañana. A veces simplemente sucede.

Yo me identifico con esto, y apuesto que tú también. En ocasiones vamos por la vida sintiéndola completamente genial y decente, pero, de pronto, un día te despiertas y tu cerebro está sin energía, tal vez sin ninguna razón aparente.

Bájate del viaje de sobrepensar

Arnold continuó escribiendo sobre la idea de «sobrepensar» y lo que dijo resonó conmigo:

> Ya sabes, son esos momentos en los que analizas todo de más, incluyendo tu vida, tus amistades, tus trabajos, aquello que le dijiste a alguien de la secundaria con quien

ya no te llevas. Cuando sobrepiensas, aumentas tus pensamientos negativos y activas un efecto dominó que puede influenciar tu pensamiento, la forma en que resuelves problemas y te ves a ti mismo… y entonces el ciclo continúa.

Has estado ahí, ¿verdad? Sé que yo sí. Y admiro que él se dé ánimos para salir de ese mal humor tan solo manteniéndose ocupado, lo cual incluye ejercitarse al aire libre. Eso es porque el ejercicio, incluso uno tan básico como caminar, puede interrumpir y reventar el ciclo de pensamientos negativos.

Una toma de lejos

La próxima vez que te sientas mal, dale un descanso a tu cerebro. Vence el mal humor diciéndote que pares de pensar. Enfócate en tus tareas y rutina del momento, o en el proyecto en el que trabajes en casa, en tu trabajo, en la escuela, donde sea.

¿Esto qué significa? Que si estás lavando los trastes, te enfoques en el sentimiento del agua jabonosa quitando la comida. Si estás dándole de comer al perro, nota el olor de la comida (que no es difícil, LOL) y la cara de emoción de tu perro. Si estás manejando, siente el volante en tus manos y pon atención al tránsito. En otras palabras, percibe lo que está afuera de ti.

Al notar lo que hay *fuera* de ti, te detienes para enfocarte en lo que hay *dentro* de ti. Cortas de tajo. Esto rompe con cualquier sobrepensamiento en el que te atoras y te da un poco de calma y espacio.

Y entonces, en verdad, puedes llevarlo al siguiente nivel para obtener resultados más rápido… con ejercicio.

Una caminata, algunas sentadillas, un paseo en bici, una ronda en el gimnasio (puntos extra si haces algo al aire libre). ¡Esto funciona extremadamente bien! Es muy sencillo, ¿cierto? Enfócate en tu tarea y sal a caminar. Tan simple como eso.

Ese es tu boleto.

El truco es descubrirte en cuanto te arrastre la espiral negativa.

¿Cómo harás eso? Con conciencia; uno de mis beneficios favoritos de las charlas internas y el amor propio. Mientras más hables contigo mismo, mientras más amor por ti sientas, más consciente de ti te vuelves. Serás capaz de notar que estás sobrepensando en el momento para que puedas salir de ese tren desagradable y encontrar mejores cosas que experimentar.

Diálogos internos para ser más fuerte que tus miedos

Soy autoconsciente y esto me facilita la vida. Sé en qué enfocarme y qué ignorar.

Si me siento mal, salgo a caminar.

Si me siento perdido, me ocupo como si fuera un jefe.

Me conozco y me amo. Soy fuerte.

Estoy listo para vivir un gran día.

Estoy viviendo una vida increíble. ¡Me siento agradecido!

Soy fuerte, resiliente y una persona que toma las riendas. Sé cómo reencaminarme.

Hoy creo un asombroso día nuevo, que me da un increíble futuro nuevo.

Me siento superbién conmigo mismo. Merezco amarme. Uso mi propio poder.

Me miro al espejo y veo fortaleza en mis ojos.

Estoy aquí para vivir una vida legendaria. Estoy listo.

Veo mi potencial y lo uso todos los días. Estoy viviendo una vida increíble.

Mi capacidad para disfrutar es vasta e infinita. El esplendor y el poder son míos. ¡Gracias!

Venzo un mal humor con paz y tranquilidad. Sé lo que tengo que hacer.

Estoy encendiendo mi mecha, y ahora estoy encendido en mi interior. ¡Mírame cómo voy por lo que quiero!

Capítulo 24

TU *IKIGAI* TE SACA DE LA CAMA

La vida no nos da propósito.
Nosotros le damos propósito a la vida.

FLASH

¿Sabías que los peces pueden deprimirse?

Es extraño, ¿verdad?

Pero, bueno, es cierto. Resulta que los peces se pueden deprimir por falta de estimulación. Cuando leí eso, entendí que... este... tengo más en común con los peces de lo que pensé.

Cuando me falta estimulación, como cuando estoy echada en el sillón y flojeando de lo lindo, siento que no estoy logrando nada. Siento que *me estoy dejando ir*, lo cual, de hecho, me hace sentir deprimida. Mi energía se vuelve pesada y perezosa. En cambio, cuando tengo cosas que hacer, cuando tengo proyectos y metas, y estoy intentando actividades nuevas o aprendiendo algo, me siento más alta y fuerte, mi estrés disminuye y eso impulsa mi respeto por mí misma.

He aquí el punto: tener proyectos (o sea, «estimulación» por si piensas en los peces) es bueno para tu estado de ánimo.

¿Y esto qué significa para mi vida?

Constantemente estoy haciendo cosas que me mantienen encaminada hacia mis metas.

Esto no quiere decir que nunca me tomo descansos ni que nunca me paro a oler las rosas o a relajarme, a escuchar música o a sentarme en silencio. Solo significa que no hago estas cosas durante tanto tiempo que me empiezan a salir raíces. Soy activa de nacimiento, con momentos conscientes y significativos de relajación.

Cuando tengo diez minutos antes de trasladarme a cierto lugar, ¿me pongo a ver mis redes sociales? No. Lo que hago es trabajar un poco en un pasatiempo o proyecto, o leo diez páginas de un libro.

Al mantener mi mente «en movimiento», mantengo mi vida activa. Y cuando hago esto, descubro que mi autorrespeto incrementa. Me siento más fuerte y resiliente; menos ansiosa. No me siento a esperar a que la vida suceda, porque eso es vivir desde un lugar débil. En vez de eso, hago que suceda. Sigo haciendo algo. Sigo dando pasos hacia adelante. Mantengo los engranes girando. Mantengo mi mente en acción. Y esto me pone de mejor humor.

Pero no siempre supe que esta predisposición a la acción fuera importante.

Conocí su poder en una ocasión, cuando estaba entre proyectos. Acababa de terminar de escribir un libro y me propuse tomar unas semanas para relajarme. Bueno, pues pasó algo de lo más interesante. Empecé a sentirme ansiosa y un poco deprimida. No sentí mi usual emoción por saltar de la cama en cuanto despertaba.

Ahora bien, si me conoces, sabes que soy esa mujer que dice «Soy feliz la mayor parte del tiempo». Así que, para mí, sentirme en tal estado de ánimo es señal de alarma.

Tuve que examinar mi vida. Me pregunté por qué tendría este cambio de humor. ¿Qué había cambiado? ¿Eran las hormonas? ¿Estaba estresada o ansiosa por algo? Y entendí que mi vida estaba, de hecho, bastante bien. Entonces, ¿qué diablos me pasaba? ¿Estaba en una espiral ansiosa? ¿Qué me estaba pasando?

Bueno, *ikigai* fue lo que sucedió

Resulta que el problema no era lo que estaba pasando sino lo que *no* estaba pasando.

No había *ikigai*.

¿Y qué es *ikigai*?

Verás, en Japón hay un estilo de vida que es una parte crucial de su cultura y se llama *ikigai*. Básicamente la palabra se traduce como «tu propósito de vida» y varía según cada quien.

Para algunos, su *ikigai* es atender su jardín todos los días. Para otros, es conectar con los demás. Para otros más, una actividad que toma mucho tiempo y concentración, y para muchos es un pequeño ritual diario que disfrutan.

Pero siempre es algo que les provoca entusiasmo hacer todos los días.

Esencialmente, un *ikigai* se relaciona con el bienestar y lograrlo mediante alguna actividad. Se trata de tener una vida *ocupada,* pero no una vida *apresurada.* En otras palabras, es una especie de *ocupación consciente.*

Esta idea me parece hermosa y, en mi opinión, resuena con la resiliencia. Significa que tus ideales son tu prioridad.

Lo curioso es que, desde que era niña, siempre me he sentido más feliz cuando estoy ocupada, incluso si ese estar ocupado significa que tengo una siesta diaria programada.

Tener un *ikigai* te ayuda a mantener la mente (y el cuerpo, en muchos casos) en movimiento. Te tomas tiempo para hacer las actividades con las que te sientes involucrado en cierto nivel, aun si es un pequeño ritual diario como tus conversaciones internas, un rompecabezas o colorear un dibujo.

Y puedes cambiar de un *ikigai* a otro (como pintar un día y escribir tu novela al siguiente). O puede ser un objetivo continuo (como pasar tiempo con la familia y los amigos, o hacer jardinería, o enfocarte en tu carrera). Si te apasiona el conocimiento, tal vez tu *ikigai* sea aprender cosas nuevas que varías de vez en cuando (o múltiples aprendizajes simultáneamente), desde tocar el piano o hablar japonés, hasta programar.

Por qué importa

Porque todos necesitamos un *ikigai*. Sin un propósito o metas, la gente se viene abajo y desperdicia el valioso tiempo que tiene en esta tierra. Pero cuando se tiene uno, todo mejora. El *ikigai* hace que el simple acto de salir de la cama sea más emocionante. ¿Por qué?, ¡porque tienes la oportunidad de trabajar en tu *ikigai*!

Sé que la depresión y el estrés pueden sentirse como una manta densa y pesada que te hace querer permanecer bajo ella de por vida, pero esto no es agradable y lo sabes. Esto no es vivir desde una posición de alegría o fuerza.

Para llevar una vida con fortaleza y alegría, encuentra tu *ikigai*.

Si aún no tienes uno, encontrarlo te hará aún más fuerte. Si ya hallaste tu *ikigai*, entonces, ir tras él en cada oportunidad que tengas te vuelve ¡aún más fuerte que tus miedos!

Tómate un momento para examinar el nivel en que el movimiento de tu mente y de tu cuerpo trabajan a lo largo de un día típico. ¿Qué movimiento físico o mental estás haciendo y disfrutas? ¿Qué proyecto o pasatiempo te esmeras en cultivar con regularidad?

Si no respondes nada, entonces considera buscar tu *ikigai*. Te prometo que estarás mucho más satisfecho con tu vida cuando lo encuentres.

Diálogos internos para ser más fuerte que tus miedos

Tengo un propósito en mi vida.

Disfruto tomarme tiempo para mi ikigai. *Impulsa mis ánimos.*

Me despierto con una sonrisa en la cara, listo para mi día estimulante.

Tan pronto me quedo dormido, me entusiasma despertar en la mañana.

Mis pasiones importan, y me tomo tiempo para hacer cosas que disfruto.

Me encanta trabajar en proyectos y avanzar hacia mis metas.

Mi ikigai *es la chispa que enciende mi vida.*

Me encanta mantener mi mente atenta y mi cuerpo fuerte.

Me apasiona aprender, hacer, ser. Mis pasiones me hacen sonreír.

Mi mente es fuerte. Soy resiliente. Estoy aquí para vivir mi mejor vida.

Tengo sueños y tengo el poder de hacerlos realidad.

Utilizo mis palabras para guiar mi vida y cumplir mis metas. Soy capaz de hacer que sucedan.

Tengo los recursos que necesito, y si tengo que aprender algo nuevo, sé cómo dominarlo.

Merezco tener mis sueños y metas. Soy mi propia gran fuente de fortaleza.

Estoy presente para mí día tras día. Estoy agradecido por estar vivo.

Capítulo 25

CUATRO CONSEJOS PARA ALEGRARTE DE INMEDIATO

A veces el estrés llega de pronto, con tal fuerza que te deja castañeteando los dientes. En otras ocasiones, te recorre el cuerpo como una serpiente. Como sea, estos cuatro consejos te ayudarán a recuperarte de él y además te darán una dosis de felicidad.

1. Di «¡Gracias!» a *todo*

En serio, me refiero a *todo*. Cuando te pegues en el dedo gordo del pie, di «gracias». Y sin un solo matiz de sarcasmo. Dilo de corazón.

Cuando te pare la patrulla porque rebasaste el límite de velocidad, di «gracias». Cuando tu pareja corte contigo, di «gracias». Cuando tu jefe apile un montón de trabajo en tu escritorio, susurra un rápido «gracias».

Mi punto es que des gracias por *todo*. Incluso por lo que está del asco.

Sí, ya sé, esto parece algo estúpido y contradictorio. Pero por eso precisamente funciona. Se le llama *interrupción de un patrón.* Cuando das las gracias por aquello que normalmente no lo requeriría, tu cerebro hace una pausa un momento y se cuestiona. Tal vez incluso te rías (bueno, a veces). Ya, en serio, es lo suficientemente extraño para debilitar un poco al estrés. Estarás siendo un poco rebelde y le estarás demostrando al estrés que tú eres el jefe. Tú estás a cargo.

En un panorama más amplio, en el mundo están pasando hechos mucho peores. Este pequeño truco mental hace que tu situación actual tome perspectiva.

2. Desearle a «esa persona» que sea feliz

NOTA: No confundir con «tu persona» (capítulo 12).

Si hay alguien en tu vida que te causa angustia o estrés, mi consejo favorito es desearle que sea feliz.

Si notas similitud entre esto y el primer consejo, *tin, tin, tin,* ¡te ganas un premio! Sí, parece contradictorio, y eso es lo que lo hace tan especial. Ya sea que conozcas a la persona problemática directamente o que sea un político que te saca de quicio, el simple acto de desearle que sea feliz tiene un *profundo* impacto en tu estado y bienestar mental.

Para empezar, te coloca en el asiento del conductor, y estamos más relajados cuando sentimos que tenemos el control. También crea buenas vibras, tanto para ti como para el mundo.

Esto te ayuda a manifestar tu mejor vida. Si estás ocupado pinchando muñecos de vudú en vez de enviarle besos a la gente que te enerva, *jamás* tendrás una vida mágica. Tenerle mala voluntad a los demás y encontrar la felicidad interior son simplemente incompatibles.

Sí, repito, es extraño y para la mayoría de las personas parecería contraproducente.

Pero solo cuando estás empezando. Una vez que lo dominas, serás el ayudante de Cupido, lanzándole flechas de felicidad a todo el mundo, y te darás cuenta de que ya nadie te enerva; lo que, de hecho, se siente bien. «Esa persona» ya no te tiene de bruces. Esto se vuelve *tu* fortaleza. Te vuelves inquebrantable. Y cuando alguien problemático pierde poder ante tus emociones, tú te fortaleces mucho más ante tus miedos.

3. De inmediato pregúntate: «¿Esto importará más adelante?»

Uno de mis cazadores de estrés favoritos es preguntarte si esto seguirá importando dentro de un mes (o seis o un año, etc.).

Podrías preguntarte esto cuando haya una abolladura en la defensa de tu auto, pierdas un vuelo, te contagies de influenza, tu computadora no haya guardado tu trabajo, tu casa se inunde, o se te haya caído tu iPhone en el excusado. Cualquiera de estos podría parecer un desastre en el momento en que suceden, pero trata de ampliar tu perspectiva.

Piensa en el futuro, en uno o seis meses, y pregúntate: «¿Para entonces seguirá importando?». Te garantizo que en el 95%

de las veces, no lo hará, así que, ¿por qué permites que te angustie ahora?

No es realista esperar que no sucedan percances. Y por lo tanto es irracional alterarte cuando se presentan. Deberías ponerles un precio; es decir, esperarlos, tal como los gerentes los consideran en sus compañías, o los oficiales en la milicia. Es como cuando se te poncha una llanta. Sucede con cierta regularidad, así que probablemente te pase unas cuantas veces en tu vida. Y, si acaso se te poncha una llanta camino a casa, *después* de tu entrevista de trabajo y no está lloviendo, ¡pues yo diría que las cosas no están tan mal!

4. Distractores benéficos

Cuando te sientes amenazado, tu cuerpo se activa para secretar cortisol, una hormona del estrés. En momentos de amenazas reales, esto es bueno, porque te motiva a moverte o correr, para salvar tu vida.

Pero en el mundo moderno dejamos que muchas cuestiones que no son realmente amenazantes nos angustien de manera cotidiana. Esto no es sano en lo absoluto, porque significa que una dosis regular de cortisol activa las alarmas por todo tu cuerpo, un sistema que solo se diseñó para momentos ocasionales de «huye o pelea».

Cuando te estresas constantemente, o muy seguido, tienes lo que se llama *estrés crónico,* y, con el tiempo, puede exacerbar todo tipo de problemas complicados de salud. ¡Guácala! ¡No, gracias!

Pero ¡espera!

¡Hay un truco genial para lidiar con el cortisol!

De acuerdo con la doctora Loretta Breuning, la mitad de la secreción de cortisol permanece en tu cuerpo por veinte minutos. Esto significa que tu cuerpo disipa la mitad en ese lapso y la otra restante necesita veinte minutos más para desvanecerse y así sucesivamente. La mayoría se esfuma en una hora más o menos. A no ser, claro, que atices el fuego para seguirlo generando.

Entonces, esto es lo que hay que hacer: la próxima vez que sientas el trancazo de la hormona del estrés (taquicardia, opresión en el pecho, etc.), TE DETIENES y cambias lo que estás haciendo durante veinte minutos; literalmente, pon el temporizador. De lo que se trata es de distraer a tu cerebro de enfocarse en la amenaza haciendo algo que realmente disfrutes. Y para potencializar esto, elige algo que involucre tanto a tu cerebro como a tu cuerpo, como:

- Caminar y escuchar un audiolibro o pódcast que te encante.
- Hacer alguna manualidad, colorear, armar un rompecabezas, construir algo con Lego.
- Tocar un instrumento musical.
- Ejercitarte (yoga, levantar pesas, *spinning*, correr, andar en bicicleta y nadar son opciones geniales).
- Limpiar el baño u organizar tu oficina (¡sí, hay personas que realmente disfrutan limpiar y organizar!).

Por qué importa

Esto es lo que sucede durante el lapso de 20 a 60 min: estás distraído y no repasando sobre lo que te estresó. Porque, si te quedas sentado tratando de resolverlo bajo la influencia del cortisol, lo más probable es que tu ansiedad *aumente*, al grado de que te desesperes, tal como un conejito acorralado por un coyote salivando que se acerca.

Para ser claros, la meta no es olvidar el estrés, tampoco es ignorar lo que está pasando, al menos, no permanentemente, sino solo por un rato.

Tu meta es distraerte hasta que el cortisol se disuelva, para que puedas regresar a la situación con un estado mental más ingenioso, más relajado. Porque *entonces* serás capaz de ver el problema con mayor claridad. Y con calma y claridad, tienes mayores posibilidades de encontrar una solución que funcione.

Cuando haces esto, tu increíble cerebro activa químicos que te hacen sentir bien y feliz, como la dopamina y la serotonina.

Así que, toma una hoja de papel y haz una lista de cinco actividades que disfrutas y que puedes hacer en incrementos de 20 min (o sea, 20, 40 o 60 min en total) para calmarte durante una tormenta.

Diálogos internos para ser más fuerte que tus miedos

Soy resiliente y fuerte en medio de cualquier tormenta.

Tengo una actitud increíble. Soy una auténtica estrella de rock.

Vivo la vida en mis propios términos, tengo las riendas de mi mente. Ese es mi poder.

Estoy preparado por si acaso se presenta una cuestión estresante.

Sé que el amor siempre es la respuesta y siempre que envío amor me fortalezco.

Me río para agradecer mis problemas, y esto mejora la situación.

Soy el héroe en mi vida. Estoy a cargo de mis pensamientos.

Soy como un gato: tranquilo, calmado, relajado. Oooooh, sí.

Inhalo, exhalo. Doy las gracias y envío amor. Estoy a salvo.

Me sorprenden mis habilidades creativas para dominar la resolución de problemas.

Hago preguntas inteligentes cuando surgen desafíos. ¡Claro!

Soy abundante en calma y generoso de corazón.

A mi alrededor hay prosperidad, amor y una vida increíble. Puedo verlo claramente.

Estoy muy consciente ahora mismo. Veo lo verdaderamente poderoso que soy.

Cada día me trae nuevas e increíbles sorpresas.

Capítulo 26

VE A LOS MONSTRUOS DE LA MENTE EN BLANCO Y NEGRO

El mayor poder en la Tierra es el magnífico poder que todos poseemos: ¡el poder del cerebro humano!

EL PROFESOR X *(X-Men)*

En mi vida solía haber cosas que clasificaba como «malas» y de las que preferiría prescindir. Estas incluían obsesionarme con vivir sanamente, preocuparme por el dinero, batallar para encontrar mi verdadero yo, temer enfermarme, y todo tipo de situaciones imaginarias y terribles con las que me torturaba diariamente.

Sobrepensar era una compañera malvada en mi vida que me volvía loca. Resulta que una de las señales de la ansiedad es pensar de más acerca de todo. Yo era de esas. Lo más absurdo es que solía considerar que mi cerebro hipervigilante era más bien inteligente y preparado; era lo que me decía a mí misma.

De una extraña manera, me sentía más a salvo con mis preocupaciones constantes, como si estuviera planeando todo tipo de posibilidades. Para mí, esta característica era mi gran estandarte.

Pero si todos esos pensamientos constantes eran útiles, ¿por qué me sentía tan mal? ¿Por qué me mordisqueaba la mejilla por dentro como si fuera comida? ¿Por qué fui un volcán a punto de hacer erupción durante más o menos veinte años?

Te voy a decir lo que pasó para que yo misma me abofeteara la cara. Después de veinte años de esta tortura, entendí que yo seguía pensando de más y me seguía preocupando *por exactamente lo mismo.*

¡Todas esas preocupaciones no habían cambiado absolutamente nada!

Todas esas preocupaciones que despertaban mi sobrepensamiento y, por lo tanto, me preparaban de sobra para absolutamente cualquier escenario (porque nunca sabes cuándo vas a necesitar 25 kg de frijoles deshidratados) nunca me dieron la paz mental que estaba buscando.

Seguía angustiada por pensar que podría enfermarme.

Seguía angustiada por el dinero.

Me seguía estresando cada vez que mi esposo y yo subíamos al auto y dejábamos a mi hija en algún lugar, porque algo podría pasarle a ella o a nosotros.

¡Ay, por Dios, vivía en una prisión!

Pues bien, esa ya no soy yo. Al fin logré sacar mi cabeza de esa jaula y me liberé. Yo misma había usado mi propia mente para encerrarme ahí, porque, después de todo, esta es una situación interna. :)

Cómo ver a los monstruos de la mente en blanco y negro

Aprendí una excelente manera para reducir mis miedos, ansiedades y malos recuerdos del hipnotista Paul McKenna, quien comparte una actividad clásica de programación neurolingüística (PNL) que cualquiera puede realizar para domar a estos monstruos. Se trata de una técnica especial para *disociar* tu cerebro de aquello que has estado permitiendo que te angustie (porque lo percibías como una amenaza).

Esto es lo que harás:

Elige algo que te dé miedo, te angustie o provoque que pienses en demasía. Puede ser el recuerdo de una persona o cosa que te lastimó o te molesta. También puede ser un miedo que te domine. O puede ser algo a lo que eres adicto y no es bueno para ti.

Cierra los ojos e imagínalo. Visualízalo en tu mente a color, grande y brillante, como una película en la pantalla de un cine.

Luego congela la imagen, como si hubieras pausado la película. Nota todos los detalles y colores.

Después cámbiala a blanco y negro. *¡Puf!* Tu imagen mental de esta cuestión ahora se está volviendo menos impactante, porque de alguna manera la has subyugado.

Ahora da un paso más: haz que las orillas de esta imagen en blanco y negro se vuelvan borrosas.

Comienza a reducir la imagen en blanco y negro y borrosa.

Encógela más y más hasta que se vuelva minúscula, como del tamaño de un timbre postal al otro lado de la habitación. Se está encogiendo tanto que es imposible distinguir los detalles. De hecho, casi no puedes ver la imagen.

Felicidades, la cuestión en la imagen ahora tendrá menos impacto en ti. Cuando asome su horrible cabeza, repite el proceso, tantas veces como sea necesario.

Puedes usar esto para ayudarte con cualquier miedo que tengas, o cualquier situación que te provoque sobrepensar o que te atore en una espiral mental que da vueltas y vueltas sin parar. También puedes hacerlo para desligarte de malos recuerdos.

Si el monstruo es una persona

McKenna también nos comparte un atajo mental divertido. Si hay cierta persona que impactó tu infancia de manera negativa, o alguien que actualmente te hace la vida difícil, realiza el proceso anterior, pero en vez de congelar la imagen de la persona, *escúchala* hablar en tu mente, eso que suele decirte y que te lastima.

Al principio tal vez oigas que su voz rezumba y es malvada. Pero aquí viene la parte divertida: haz que su voz se vuelva chillona, aguda y pequeñita, porque al hacerlo, destruyes el poder que tiene sobre ti; vuelves tonta y débil a esa persona. La versión en caricatura del recuerdo también se hace menos real, menos seria. Y una voz tonta y pequeñita que te lanza palabras hirientes es difícil de tomar en serio.

Incluso tal vez te sientas tentado a reírte de ella. Si así es, *¡adelante!*

Este proceso hace maravillas, te tranquiliza y te lleva de vuelta a la avenida del gozo.

Diálogos internos para ser más fuerte que tus miedos

Mi mente es libre. Mi mente es libre para creer lo que decido creer.

Elijo las imágenes en mi cabeza. Elijo lo que veo.

Me amo y soy valioso.

Estoy destinado a vivir libre de ansiedad.

El universo magnífico vive dentro de mí y mi corazón late en paz.

Irradio amor y mis sueños son mi destino.

Controlo mi mente con tranquilidad. Mis pensamientos son buenas opciones para mí.

Soy valioso. Soy valioso. Soy valioso.

Soy digno de amor. Soy digno de amor. Soy digno de amor.

Soy resiliente. Soy resiliente. Soy resiliente.

Estoy llevando mi vida hacia nuevos horizontes. Soy libre.

Estoy en calma porque así lo decido. Estoy en calma porque ese es mi centro.

Me siento joven y vibrante; fuerte y vivo.

Brinco de la cama y no solo camino, me deslizo, porque tengo la energía de ser ¡YO! ¡Al fin!

Tengo el control de mi mente, mis pensamientos y mis palabras. Así que la paz está a mi alcance en todo momento.

Capítulo 27

EL PODER DE TOMAR DECISIONES

La inacción provoca duda y miedo.
La acción provoca confianza y valentía.

Dale Carnegie

¿Sabes qué me parece fascinante? Ese fenómeno en que, si sientes que te estás enfermando y enseguida haces una cita con el médico, de pronto empiezas a sentirte mejor.

Pero ¿por qué ocurre esto? Bueno, tiene mucho que ver con el poder de tomar decisiones, porque cuando nos decidimos, nuestro sentido de control se fortalece. Teníamos un problema y dimos un paso para mejorarlo. Aun si ese paso fue simplemente llamar al doctor y agendar una cita.

Lo que sucede es que cuando tomamos la decisión, disminuimos la preocupación y la ansiedad.

Déjame repetirlo, porque el libro entero se trata de cómo reducir el estrés y la preocupación, y me encanta este atajo mental. *Resulta que cuando tomamos decisiones reducimos la preocupación y la ansiedad.*

Existen algunas razones por las que tomar decisiones se siente taaaaan bien.

El control nos reconforta, y buscamos confort porque aminora las llamas de la ansiedad. El problema es que no podemos controlar todo.

Pero está bien, porque ¿sabes qué sí podemos hacer? Engañar a nuestra mente para hacerle creer que tenemos el control con el poder de decidir. Así que, aunque tengas un problema enorme y no tengas idea de cómo vas a salir de él, al tomar una decisión al respecto y al tomar acción con dicha decisión, tu mente creerá que está haciendo algo significativo y te hará sentir mejor.

Pero, por otro lado, si no eres una persona que tome decisiones y actúe en consecuencia, es posible que tu ansiedad aumente porque te vas a sentir fuera de control, como un huracán que agarra impulso antes de llegar a la costa. Entonces, toma una decisión, la que sea, para emprender alguna acción.

En el muy antiguo libro *La magia de creer,* Claude Bristol escribió:

> Si te ves confrontado por un problema, mientras más lo pospongas, más grande se vuelve y menos crees que eres capaz de solucionarlo. Por lo tanto, aprende a tomar decisiones… Con la experiencia aprenderás que, una vez que tomas una decisión, los problemas y conflictos comienzan a desaparecer. El mero acto de decidir te da la fuerza y los ánimos. El miedo a hacer algo equivocado es lo que atrae la equivocación.

> Decide y actúa, y lo más probable es que tus problemas se desvanezcan en el aire, cometas o no un error. Todas las grandes personas son individuos que toman decisiones rápidamente, las cuales fluyen de su intuición, de su cúmulo de conocimientos y experiencias previas. Por ello, aprende a ser rápido en tus decisiones y audaz en tus acciones.

La otra razón por la que tomar una decisión acerca de algo que te preocupa es útil se debe a *lo que está sucediendo* mientras decides. Es un método para establecer metas, lo cual involucra una parte específica de tu cerebro (la corteza prefrontal) de forma positiva. Tomas una decisión y haces algo, incluso algo muy pequeño, y tu cerebro te recompensa reduciendo la angustia e incrementando la secreción de dopamina. Eso te brinda placer. ¡Yei!

Y aquí hay un consejo extra acerca de tomar decisiones en medio de una tormenta de preocupación: no tiene que ser la gran revelación o la reacción perfecta. Tomar una decisión que tan solo es *lo suficientemente buena* es, digamos, lo suficientemente bueno para empezar a sentirte mejor.

De acuerdo con el libro *La espiral ascendente*, apuntar a lo mejor o a la perfección provoca demasiada actividad emocional en ciertas áreas de nuestro cerebro, y eso no ayuda. En cambio, cuando reconoces *que lo suficientemente bueno es suficientemente bueno*, otra parte de tu cerebro (áreas dorsolaterales y prefrontales) incrementa su actividad, lo que te ayuda a sentir que tienes más control y, por lo tanto, reduce tu estrés y te sientes mucho mejor.

Diálogos internos para ser más fuerte que tus miedos

Soy alguien que toma decisiones. Soy alguien que toma acción. Yo soy así.

Decido y actúo. Solo mírame. Yo soy así.

No tengo miedo. Cuando está oscuro, brillo. Yo soy así.

Soy un chingón. En cuanto me despierto, estoy listo para tomar acción en mi día. Yo soy así.

Soluciono problemas. Intento cosas nuevas. Yo soy así.

Soy valiente frente a los problemas. Yo soy así.

No me dejo intimidar por los obstáculos. Tomo acción y genero un cambio. Yo soy así.

Soy resiliente y fuerte, y mi mente está bajo MI control. Yo soy así.

Soy valioso. Yo soy así.

De mi mente se desbordan pensamientos buenos. Yo soy así.

Puedo diseccionar lo mundano para encontrar lo maravilloso. Yo soy así.

Cuando cambio, todo lo demás cambia. Yo soy así.

Tomo decisiones una tras otra, ¡bum, bum, bum! Yo soy así.

Si llueve o el mundo se nubla, lo pinto de colores. Yo soy así.

Capítulo 28

NO SEAS GOLLUM

Recuerdo un día de mi pasado cuando se me ocurrió que quería mejorar mi negocio. Eso me emocionaba. Me brillaban los ojos ante la idea. Mi plan era tan bueno que sonreía de oreja a oreja, como una niña con una tarjeta de crédito ilimitado en una tienda de dulces. Estaba a punto de embarcarme en algo que haría crecer mi negocio y que muchos aún ignoraban. Me inflé de orgullo y mi ego se encrespaba cada vez que pensaba en compartirlo con mis colegas y amigos que también tenían negocios.

Pero entonces algo sucedió. Me retorcí, me salieron arrugas y me convertí en Gollum. Ya sabes, el de *El Señor de los Anillos* (ese monstruo pequeñito y de apariencia horrible, reflejo de su egoísmo, debido a su obsesión con un anillo mágico). Mis ojos destellantes se oscurecieron y no quería compartir *mi precioso* plan. ¡Porque era *mío, mío, mío!*

Y en ese instante le cerré la puerta a la magia de la vida. Sentía una gran carencia, escasez literal, como si mi idea no fuera a funcionar tan bien para mí si la compartía con alguien. Sentía que todo era horrible. Mi energía para manifestar desapareció de pronto.

Esto no era bueno. Esto nunca es bueno. *Jamás* vamos a vivir nuestra vida más mágica si somos egoístas, celosos o envidiosos, y estas emociones no son nada más que un elevador a gran velocidad hacia el infierno. Estos horribles sentimientos son manifestaciones de diálogos internos negativos, y opacan tu brillo. Son feos y apestosos, y matan tu encanto.

Por qué importa

Porque la energía y los sentimientos negativos jamás te harán resiliente. Solo te provocarán más ansiedad y estrés. Y si esto sucede, no manifestarás tus sueños y deseos como quisieras. Esto obstaculizará aún más que alcances tus metas.

Tener estos sentimientos no ayuda a estar en una posición de fortaleza. *No es vivir siendo más fuerte que nuestros miedos.*

La buena noticia

Lo bueno de esto es que es muy fácil cambiar el guion. Cuando mejoras tus diálogos internos y estás presente para ti en tu vida, todos los días, y pones atención a tu mente, de inmediato puedes darte cuenta de cualquier negatividad en tus pensamientos, palabras o acciones. Y cuando esta conciencia de ti mismo sucede, adquieres el control de tu mente y le das la vuelta.

Así que, si tus amigos tienen éxito, o ese otro cantautor crea algo muy pegajoso sin ningún esfuerzo, o ese colega consiguió el empleo que tú querías, o ese pariente pareciera perder peso mientras come *cupcakes*, o ese alguien que tiene una relación amorosa increíble, o si sientes que siempre eres el personaje secundario de la historia... Bueno, ¡alégrate de su éxito!

¿Qué sucede?

Cuando le deseas éxito a alguien más, entras en un viaje increíble que termina ayudándote un montón, porque cuando te alegras del éxito de los demás, le estás diciendo al universo «¡Sí, esto es increíble!». Y entonces sucede algo asombroso, *una especie de magia,* que te hace a ti *ser más exitoso.* Es como si de pronto el viento soplara a tu favor, porque el progreso de los demás te inspira (¡es una prueba social!) y ya no te dejas arrastrar por el ancla de la envidia. Esto significa que ya no crees que el éxito está ligado a la escasez, lo cual envía un mensaje fuerte y claro a tu subconsciente de «¡Esto también es para mí!».

Cuando te sientes feliz por las victorias de otros (aun si es algo que tú también quisieras lograr), tu capacidad para lograrlo aumenta porque tu corazón se abre y, a su vez, este abre tu mente. Y una mente abierta es una mente creativa, además de productiva. También es una mente en paz y feliz.

Es una mente resiliente, más fuerte que sus miedos.

Diálogos internos para ser más fuerte que tus miedos

Me encanta cuando alguien más es exitoso.

Me inundo en amor cuando alguien más logra sus metas.

Es asombroso ser testigo de cómo mis amigos hacen realidad sus sueños.

Cuando otros tienen éxito y yo lo aprecio, me vuelvo más capaz de ser exitoso.

Siento mucho amor por las personas exitosas.

Celebro los triunfos de otros. Cuando ellos son más fuertes, yo soy más fuerte.

Agradezco cuando mis amigos y vecinos florecen. ¡Claro que sí!

Me encanta cuando las personas son inquebrantables con sus aspiraciones. ¡Eso me inspira!

Prospero cuando otros prosperan. Todos somos uno.

Me encanta ver que otros prosperan. ¡Es tan divertido!

Soy generoso con mi amor por los demás.

Estoy resuelto a vivir la vida más espectacular.

Siento mucho amor por el éxito que veo en el mundo.

Cuando otros logran sus metas, me siento más inspirado para lograr las mías.

La vida es buena, muy, muy buena.

Capítulo 29

EL EXTRAÑO EFECTO DE LA BONDAD

Si te dijera que hay algo muy sencillo que puedes hacer cuando te encuentres en medio de una crisis mental, y que además mejora tu estado de ánimo, eleva tu autoestima y reduce tus miedos, ¿te interesaría?

Claro que sí.

Bueno, aquí lo tienes.

Haz algo por alguien más.

No, no me mires con los ojos entrecerrados, te estoy diciendo la verdad. Hay investigaciones que lo respaldan. Resulta que cuando somos bondadosos con los demás, nos volvemos más felices y resilientes. Además, ataca directamente a tu ansiedad y estrés: nos ayuda a mantener una mente clara cuando quisiéramos tirar la toalla.

¿No te parece genial? Vaya, ¿quién nos iba a decir que una de las mejores formas para ser felices, sanos y chingones es algo tan simple como la bondad? De verdad me hubiera gustado aprender esto antes. ¡Tal vez hubiera sido más linda con mi hermano en nuestra infancia!

Así que consíguete una nota adhesiva y escribe esto: *La próxima vez que me sienta estresado, haré algo bondadoso. La próxima vez que esté triste, haré algo por alguien más.*

Esta bondad puede ser cualquier cosa, incluso algo pequeño.

Puedes hacerle una taza de té a tu pareja.

Puedes llamar a tu mamá porque sabes que le encantaría saber de ti.

Puedes escribirle una nota de agradecimiento a alguien.

Puedes pasar por el autoservicio de una cafetería y pagarle un café a quien viene detrás de ti.

Puedes aspirar la casa de tu suegra.

El punto es ser bondadoso…

… y tu mente mejorará.

Incluso puedes usar esta misma idea para preocupaciones financieras. Neal Krause, de la Escuela de Salud Pública de la Universidad de Michigan, descubrió que, si brindas apoyo social para ayudar a *otras personas* que también tienen preocupaciones financieras, ¡tus ansiedades financieras disminuyen! ¿Que quééééé? Eso suena como si una magia extraña y maravillosa se activara en mí.

Una toma de cerca

La ansiedad y el estrés con frecuencia están conectados al sentimiento de falta de control, lo cual he mencionado varias veces en este libro. Y si bien no es posible controlar todo lo externo a nosotros, tampoco deberíamos intentarlo ni volvernos locos; podemos mejorar nuestro sentimiento de control en situaciones tambaleantes y disparatadas mediante algunas estrategias. Una de estas es el truco de la bondad.

La razón por la que el sentimiento de falta de control causa tanta preocupación es que provoca que las personas se sientan impotentes, colocándolas en una posición de miedo. Cuando estamos asustados, tomamos malas decisiones, lo cual ralentiza nuestro progreso hacia nuestras metas.

Pero ahí es donde la bondad entra en juego. Si estás teniendo una crisis mental, y te levantas, y haces algo lindo por alguien más, es como si tomaras de nuevo las riendas, retomaras tu control. Es como si tú le dijeras a esa situación que te está molestando: «Nah, no eres tan ruda como para que yo no pueda levantarme y hacer algo al respecto ahora mismo».

Y eso es justo lo que haces.

Y te sientes más en control.

Y no solo te hace un chingón, sino un chingón bondadoso.

Diálogos internos para ser más fuerte que tus miedos

Al ser bondadoso, mejoro mi mente.

Me encanta ayudar a otros y ser amable.

La amabilidad es bondad, es dulzura, es indestructibilidad.

Ser bondadoso siempre está al principio de mi mente.

Soy bondadoso. Soy bueno. Soy generoso.

Todos merecemos bondad. Tú. Yo. Todos nosotros.

Soy amoroso, cálido y bondadoso. Puedo crear una vida hermosa que yo mismo diseñe.

Soy bondad y generosidad. Yo soy así.

Soy compasivo, considerado y sincero.

Estoy lleno de amor, calidez y buen ánimo.

La bondad es el rey, la reina, el comodín: lo es todo.

Quiero bondad, así que pienso bondadosamente.

La bondad es la clave para vivir en calma.

Soy bondadoso. Soy bondadoso. Soy bondadoso.

Siento completa paz mental cuando soy bondadoso.

Capítulo 30

EL CONSEJO DE ANA FRANK

Quiero cerrar este libro con una forma simple y hermosa de vivir con más paz mental.

Durante los tiempos difíciles, haz lo que Ana Frank escribió en su famoso diario:

> *Piensa en toda la belleza que aún hay a tu alrededor y sé feliz.*

Esa es la meta.

Eso es lo que haces.

Pase lo que pase, mira a tu alrededor y encuentra algo para ser feliz. Ve algún tipo de belleza.

La naturaleza es fenomenal para esto; reconocer tu salud o ver un cielo azul es perfecto. Admirar una pieza de arte o un pájaro al vuelo en lo alto del cielo. O saborear una taza de café junto a una vela encendida, justo antes de que amanezca. Hay belleza en todos lados, si tan solo abrimos los ojos para verla.

Una imagen panorámica

Cuando elegimos ver la belleza, siempre la encontraremos, porque ese es nuestro superpoder. Es la razón por la que nuestros cerebros son increíbles. Podemos elegir ver algo y entonces lo veremos. Así que nunca dejes pasar un día sin buscar algo hermoso.

Descubrirás una paz profunda y resiliencia dentro de ti. La belleza siempre estará ahí si sabes buscar, tan solo está esperando a que la notes. Lo mismo pasa con tu resiliencia: solo está esperando a que la enciendas.

De hecho, empecemos contigo.

Eres hermoso. Todos somos hermosos. Mírate al espejo y permítete sentir la fascinación de tu cuerpo humano, de las capacidades que tiene y de tu corazón latiendo. Tu corazón late 100 000 veces por ti al día. Eso son como 35 000 000 de veces al año. ¿No te parece hermosísimo?

Sal y mira al cielo. Tal vez esté despejado y hermosamente azul. Tal vez es un día soleado. Tal vez esté cubierto de nubes grises de las que llueve agua dadora de vida. Tal vez el cielo esté oscuro y lleno de estrellas que te guiñan. Todo es hermoso, si tan solo te tomas un momento para admirarlo.

Nunca dejes pasar un día sin ver algo hermoso. Toma tu agenda y anota cada día que debes ver algo hermoso. Escribe este «deber» mágico y comprométete a hacerlo de por vida. Con esta simple práctica, vivirás con menos ansiedad y estrés.

Pero tienes que estar ahí presente para hacerlo. Todos los días.

Ve la belleza.

Sé la belleza.

Vive la belleza.

Tú eres hermoso.

Diálogos internos para ser más fuerte que tus miedos

Veo la belleza. Está por doquier.

Me enfoco en la belleza diciéndole a mi cerebro que la vea.

Miro dentro de mí y siento la belleza en lo profundo de mi ser.

Me encanta buscar cosas hermosas.

Busco algo hermoso cada día.

Soy la belleza.

Mi cerebro es hermoso.

Tengo un superpoder. Puedo elegir dónde enfocar mi atención en cualquier momento.

La belleza está a mi alrededor, arriba y abajo. No importa la hora, si quiero ver algo hermoso, es fácil encontrarlo.

Me siento agradecido por tener el control de mis emociones.

Nací para brillar. Lo siento ahora mismo.

Estoy viviendo una vida completamente nueva, que se impulsa con mis propias palabras.

Todos los días, de todas las maneras, veo más belleza dondequiera que voltee.

Mi mente está donde me siento vitalizado. ¡Soy un triunfador!

Cerebro, busca algo hermoso ahora mismo.

CONCLUSIÓN

Bueno, ¡ahí lo tienes!

Disfruté muchísimo de emprender esta aventura contigo y de compartir los consejos y trucos que llevo en mi bolsa para vivir más feliz, con menos estrés, más resiliencia... y todo *con el poder de tu mente.*

Ahora cuentas con un montón de formas diferentes para hacer que tu mente sea más fuerte que tus miedos. Cada vez que sientas que el estrés o la preocupación comienzan a inquietarte, toma este libro e inspírate, y encuentra tu camino hacia una vida en la que seas más fuerte que tus miedos. Porque lo mereces.

Las cosas fáciles en la vida son, pues... fáciles. Las amamos. Nos hacen sonreír. Y las cosas difíciles, bueno, esas apestan. Lo sé. Pero con los diálogos internos para ser más fuerte que tus miedos puedes vivir una vida fortalecida, más capaz, y lanzar por la ventana todas esas ansiedades. Y entonces, si aún queda algo gestándose, usa tus diálogos internos para retomar el vuelo como un águila, flotando en una brisa por el cielo.

Lo más importante es que recuerdes que tu mente es tan poderosa, tan mágica y está lista para hacer lo que le pidas. Pero como siempre he dicho: *¡tienes que estar presente para ti!* Hazte presente y entrena tu cerebro, pues está dispuesto a transformarte en el chingón que sabes que puedes ser si *te ocupas de tu mente.* Y usa tus conversaciones contigo mismo para encabezar el viaje. Válete de tus palabras y pensamientos hasta darte las agallas más indestructibles del mundo. Porque puedes. De hecho, ya lo estás logrando después de haber leído este libro.

Ahora, ¡ve y vive mágicamente!

Contáctame

¡Me encanta escuchar a mis lectores! Escríbeme a:

kristen@kristenhelmstetter.com

Pódcast

Puedes escuchar *Coffee Self-Talk with Kristen Helmstetter* en el siguiente enlace, o donde sea que escuches pódcast:

https://anchor.fm/kristen-helmstetter

También te invito a unirte a nuestro divertido y entusiasta grupo de lectores:

facebook.com/groups/coffeeselftalk